社会科授業サポートBOOKS

PBL的社会科単元構成による

小学校
社会科の授業デザイン 5年生

吉水裕也 編著

明治図書

はじめに

○誰かにとって役に立つ社会科に

　社会科で取り組む学習は，世の中のしくみの理解だけでなく，誰かのために役に立つことが理想です。理解だけではなく，誰かにとって役立つことを考えるマインドの育成が目標です。これが市民的資質育成の具体の一つと考えてよいでしょう。それでは，誰かって誰？それは私個人，つまり私だけのためではありません。少なくとも We または You，つまり組織だろうと思います。そういうプロジェクトが社会科的ではないでしょうか。役に立つ人の顔が浮かぶと，プロジェクトに取り組みたいという気持ちも高まります。

　現代は VUCA（Volatility：変動，Uncertainty：不確実性，Complexity：複雑性，Ambiguity：曖昧性，の頭文字をとった造語）の時代と言われています。先行きが不透明で予測が困難だということです。これまでもそうだったのですが，このような時代には思考力や判断力が一層重要になります。AI やロボットなどのテクノロジーの進歩もめざましいものがあります。2045年がシンギュラリティ（singularity）（Kurzwell, 2006）という予測もありますので，これまであった多くの仕事が，近い将来人間のものでなくなるかもしれません。この予測が正しいとすれば，今後は人間にしか考えられないようなことを考える力が重要になるでしょう。これもとても難しいことです。

　もちろん思考や判断のためには幅広い知識が必要です。VUCA の時代を乗り切るために必要な授業とは？という問いに対して，今回提案する PBL 的社会科単元構成が少しは役立つのではないかと考えました。

○学習者観の転換

　授業観や学習観の転換の必要性が強調されています。授業観や学習観の転換の核心は，「学習者観」の転換だと思っています。学習者観に関する議論は，古くから行われています。例えば，学習者をタブラ・ラーサ（tabula rasa：文字の書いていない白紙状態）と見るものや，経験主義や，社会構

成主義に基づいたものなど様々あります。

　ブルーナー（Bruner, J. S.）は，4つのフォークペダゴジーで，模倣する者，無知な受容者，思考する者，知識の運営者という子供（学習者）の見方を示しています（Bruner, 1996, 岡本ほか訳, 2004）。これまでの学校教育では，子供を必要以上に模倣する者や無知な受容者として位置づけてきたのではないでしょうか。この傾向は，小学校よりもむしろ中学校で，さらに高等学校で顕著だったかもしれません。一方，近年の高等学校では探究の授業が重視され，私が勤務する県内でも多くの学校が探究型の授業に取り組んでいます。大学入試でも，総合型選抜が注目されるようになり，探究型の学習成果が発揮できるようなものも実施されてきています。フォークペダゴジーに話を戻しますと，学習者観の転換は，模倣する者や無知な受容者から，思考する者や知識の運営者に180度転換するようなものではありません。思考するための知識は重要ですので，4つのフォークペダゴジーのバランスをとることが重要な問題なのです。

　VUCAな時代に必要な力が，人間にしか考えられないようなアイデアを生み出す力や，それを実行する企画・実践力だとすれば，先生が教え児童が答えるという Teach → Study よりも，児童が考え先生がサポートする Learn → Coach のほうが有効でしょう。コーチングでは，「可能性や答え，それらを見つける力はすべてクライアント（コーチングを受ける人）に具わっているという前提に立ち，クライアントの力や可能性を引き出し，行動化を促すこと」（曽余田, 2011）という考え方をしています。もちろん，すべてが児童に備わっているわけではありませんから，よりよいアイデアを引き出すために必要な知識や技能をつける手助け（つまり教えること）も必要です。何より学習指導要領に即して授業を実践することが求められている学校現場では，児童が獲得すべき知識もたくさんあります。

　学習者中心の授業が求められていますが，学習者中心とは何も教えない授業ではありません。教えたほうがよいこともあります。Learn → Coach という社会構成主義的な授業観をベースにしつつ，Teach → Study とい

う客観主義的な授業観を組み込んで単元を組み立てることが大切でしょう。社会で起こっている問題を的確にとらえ，有効な解決策を考えるためには，当然知識が必要なのです。社会で起こっている事象の文脈に即して，必要な知識を獲得する，そしてその知識を活用して，問題を的確にとらえ，有効な解決策を考えることこそ大切なのではないかと考えています。本書ではこういった考え方に基づいて，PBL 的社会科単元構成を提案しています。

○ PbBL を含んだ PjBL による単元構成

　本書で提案する PBL は，本編でも述べますが，プロブレム・ベースド・ラーニング（Problem-Based Learning : PbBL）を含んだプロジェクト・ベースド・ラーニング（Project-Based Learning : PjBL）を想定しています。また，本書で提案する PBL に「的」という言葉をつけているのは，学習者の問いに完全に依存することがない点で，いわゆる PjBL の定義とは異なっていることを示しています。PBL 的な単元構成を提案するのは，社会で起こっている事象に即してその解決策を考えることをゴールに設定し，そのために必要な知識を構造化し，獲得して活用させたいからです。そのため PbBL を組み込んでいます。PbBL は医学部の教育で用いられてきた方法で，教員が学生に症例のシナリオを示して，それについて徹底的に事実を調べ，可能性のある仮説を複数立て，グループで共通認識をもてるようにする学習方法です。

　本書で提案する単元プランは，単元全体としては PjBL になっていますので，単元の最初からプロジェクトに対する成果物（product）を要求しており，パフォーマンス課題（performance task）のような位置づけになっています。解決のためのプランをよりよいものにするためには，少なくとも事象に関連した事実のチェックが必要です。そのうえで，プランが本当に実行可能なのか，また，実行したとしてどの程度問題を解決するのか，実行することにより弊害は発生しないのかといったことについても考えながら，成果物をよりよいものに「作り替える」プロセスを設定しています。問題をよ

りよく解決するプランにするためには，どのようなことに目配りをしなければならないか，つまりどのような知識が必要なのかを，児童が互いを尊重しつつ考えることが重要だという考えから作成しています。さらに，「作り替える」という作業が知識とのさらなる対話を生み出し，自分自身の今を，事実や知識に反射させること（reflection）にもつながります。このような省察を繰り返しながら学習する知識が，社会の問題解決のために活用できるという実感をもたせると思っています。

○キュレーション

プロジェクトの成果物は，学習のメッセージを学校内外に伝えるために，それ全体を校内の適切な場所に展示したいです。クラスのみんなの成果物をどのように展示すれば，取り組んだ学習の意義を伝えられるのかを児童とともに考え，発信したいのです。暮沢（2021）は，キュレーションという言葉の意味を「価値を生み出す生き方」にまで拡張すると述べます。児童の成果物に込められた情報を組み替えて，さらに新しい価値づけを試みるところまでを PBL ととらえて，学習に取り組みたいものです。

編著者　吉水裕也

[参考文献]
・暮沢剛巳（2021）『拡張するキュレーション　価値を生み出す技術』集英社新書
・曽余田順子（2011）「教職員の人材育成に資するコーチングに関する実践的考察」日本教育経営学会紀要53, pp.113-123.
・ブルーナー, J. S., 岡本夏木，池上貴美子，岡村佳子訳（2004）『教育という文化』岩波書店
・Kurzwell, R. (2006) *The Singularity Is Near: When Humans Transcend Biology*, Penguin Books

＊本書は，『PBL 的社会科単元構成による中学地理の授業デザイン』（明治図書）の姉妹編です。そのため，「はじめに」や「Chapter 1」など実践の理論的な面については，前書の内容の一部に加筆・修正を加えたものであることをお断りいたします。

CONTENTS

はじめに

Chapter1
PBL的社会科単元構成による小学校社会科の授業デザイン

- **01** PBLとは　10
- **02** PBL的社会科単元構成とは　12
- **03** PBL的社会科単元で取り組むプロジェクト［第１次］　16
- **04** プロジェクトのために知っておくべきことは［第２次］　18
- **05** 再度プロジェクトに取り組む［第３次］　20
- **06** PBL的社会科単元構成と学習評価　22
- **07** 学習をサポートするワークシート　24
- **08** 児童の解決策（作品）をどのように共有するか　26

Chapter2
「わたしたちの国土」の授業デザイン

- **01** ［世界の中の日本］
  世界の国旗をグループ分けしてみよう　30

02 ［国土の地形や気候の特色と人々のくらし］
ALTの先生に日本のおすすめスキーリゾート地と
観光プランを提案しよう！　40

Chapter3
「わたしたちの生活と食料生産」の授業デザイン

01 ［くらしを支える食糧生産］
気候変動に対応しつつ，長野県下伊那郡でリンゴ農園を経営しよう！
どんな品種をどれだけ植える？　56

02 ［米づくりを中心とした食糧生産］
未来の米づくりサミットを開催しよう！
―2045年の日本の米づくりを描こう！―　66

03 ［水産業を中心とした食糧生産］
自然環境に負荷をかけない持続可能な漁業を目指し，
和歌山県串本町でクロマグロの完全養殖に取り組もう！　80

Chapter4
「わたしたちの生活と工業生産」の授業デザイン

01 ［自動車工業を中心とした工業生産］
トヨタが世界一の自動車メーカーになるための
戦略を提案しよう！　92

02 ［工業生産を支える運輸と貿易］
2050年に向けて北陸工業地域を支える工場を呼びよせよう！　106

Chapter5
「情報化した社会と産業の発展」の授業デザイン

01［情報産業と私たちのくらし］
　　ラジオの災害放送に挑戦しよう！
　　愛媛県新居浜市で南海トラフ地震の被害にあったら，
　　コミュニティFMからどのような情報をいつ提供する？　122

02［情報を生かして発展する産業］
　　スマート観光で城崎温泉の未来をデザインしよう！
　　どんな「企画」を提案できる？　134

Chapter6
「わたしたちの生活と環境」の授業デザイン

01［自然災害から人々を守る］
　　災害弱者の人的被害を減らす
　　「未来の防災アプリ」の機能を考えよう！
　　どんな機能があればよいだろう？　146

02［わたしたちの生活と森林］
　　市内の森林を守る「森林を守りたい（隊）」プロジェクト！
　　今，わたしにできることを考えよう！　160

おわりに

Chapter1

PBL的社会科単元構成による小学校社会科の授業デザイン

01　PBLとは

① Problem/ Project-Based Learning とは

　日本で社会科が始まった頃には，子供の考えに即して問いを立てて学ぶ方法が大切だと考えられました。一般に問題解決学習と訳されているPBLですが，子供に内在する問いという点からすると，本来PBLは問題発見と問題解決の両面を重視しており，問題発見・解決学習といってもよいでしょう。初期社会科では，子供に内在する問いを大切にして，それを探究する学習が目指されました。一方で，教育内容の現代化を図るなかで，系統主義的なカリキュラムの時代が訪れます。そこでは，学習内容が増加し，暗記しなければならない知識が増加します。日本の場合，高度経済成長期で，多数の工場労働者が必要でした。マニュアルが正しく読め，マニュアル通りに仕事ができる人が多数必要とされた時代です。当時の公教育では，多くの知識をもち，間違いなく指示を理解し，仕事ができる人を育てることが重視されました。高度成長が終わると，工場は海外に移転し，産業の空洞化が進んできます。その後，探究型の授業が推奨されるようになると，問い→仮説→検証という，科学的な探究プロセスを組み込んだ授業が提唱されるようになります。

② プロブレム・ベースド・ラーニング（問題基盤型学習）

　プロブレム・ベースド・ラーニング（以下，PbBL）は，1960年代から医学教育で発展してきた教育方法です（小野・松下，2015）。PbBLは，教員があらかじめ課題を提示し，学習者がそこから問いを設定して解決に向けた方法やリソースをチームで意思決定しながら，そのプロセスで解決に至る道が1つではないことを学習させる方法です。

例えば,「わたしたちの生活と森林」の学習では,日本の国土の3分の2が森林である一方で,近年ではその管理や活用が上手くいっていないケースがあることを提示します。日本全国に森林が広がっているわけですから,地域によってその性格は異なり,地域ごとに森林の管理や活用に関する課題も異なりますし,そのような課題に至った経緯も異なるでしょう。各地域の森林管理や活用の課題を掘り下げ,その解決に向けた様々な方法をグループで提案するような方法で学習します。

③プロジェクト・ベースド・ラーニング(プロジェクト基盤型学習)

　プロジェクト・ベースド・ラーニング(以下,PjBL)は,1990年代から工学教育で発展した教育方法です(小野・松下,2015)。元々は,学習者が少人数のチームで,自ら課題を設定し,リサーチや実践を通して解決する教育方法です。しかし,児童向けPjBLでは,学習テーマに関する内容を,これがこの問題に関する現状だよ!と教員が投げかてもよいと思います。

　PjBLが工学教育から発展したこととも関連しますが,プロジェクトのゴールには何らかのモノ(プロダクト)をつくることを想定しています。社会科の学習に当てはめると,まちづくりの設計図でもよいし,今のままだとみんなが望まないようなまちになるということを示すオブジェでもよいでしょう。特定の地域の特色が「わかる」だけではなく,地域に起こっている課題をどのように解決するのか,地域の将来がどのようになればよいのかということについて考え,プランを提案することが「できる」ところまでを組み込んでいるのです。自分たちのプランの提案の仕方には様々な方法があるでしょう。本書では,PjBLにPbBLを統合した「PBL的社会科単元構成」を提案します。

［参考文献］
・小野和宏・松下佳代(2015)「教室と現場をつなぐPBL―学習としての評価を中心に―」,松下佳代・京都大学高等教育開発推進センター編著『ディープ・アクティブラーニング』勁草書房

02　PBL的社会科単元構成とは

①なぜPBL的社会科単元なのか

　第5学年の社会科学習では，国土の地理的環境の特色，産業の現状，社会の情報化と産業との関わりについて，わたしたちの生活との関連を踏まえて学習します。例えば，産業の現状や，管理が難しい国土の環境についての課題を認識したときに，児童はそれが解決できそうなことなのかと，ぼんやり考えることになるでしょう。解決できそうだけど，自分には関係がないと無関心になるか，関心があっても深刻な問題だと思って解決のためのハードルが高かったり，全く解決法が思いつかなかったりなどの理由で解決は無理だと思うこともあるでしょう。一方，それは解決できそうだとか，解決策を考えてみたいと思うようなこともあるはずです。最初は無理だと思っていたことにクラスのみんなで取り組むことによって，解決策を提案できたことによって自信になり，再度考えてみようと思ってくれればしめたものです。

　このように，社会の課題を認識するだけでなく，解決策を考えてみようという段階までを含めて単元のデザインをしようというわけです。そして，知識を十分身につけてから解決策を考えることの大切さを尊重しつつ，日常生活の中にある社会問題には，知識をもっていない小学生でも大人と同様の風が吹きつけるという実情を考慮して，自身に知識の不足を悟らせることを含めて単元をデザインしたいのです。

②PBL的社会科単元の全体像　アジャイル型手法によるプロダクト作成

　アジャイルとは，俊敏にという意味です。課題を認識したら，できるだけ

早い段階で課題の解決策（プロダクト）を考えます。解決策は試作品（プロトタイプ）でよいのです。そして，それは最初から完成度の高いものになることを想定しません。むしろ，作り替えることが前提かつ重要です。課題を解決するには，その地域内や他地域との相互関係，システムについてよく知らなければなりません。知識がなければ地域の未来を予測することはできませんし，もしその未来が望ましいものでなければ，何とか望ましいものにしなければならないわけです。獲得した知識を用いて，その都度解決策のプロトタイプを修正したり，場合によっては壊したりして，全く新しいものに作り替えるのです。この過程を経て，できるだけよいものに仕上げるという発想です。このような発想で，次の３次構成の単元を考えました（図１）。

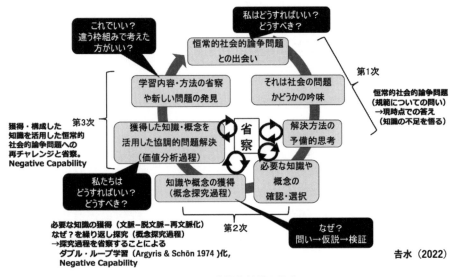

図１　PBL 的社会科単元構成

このような単元構成をとるのには，いくつかの理由があります。

１つめは，社会科の学習を現実社会での文脈で扱うためです。社会でまさに今起こっていること（プロブレム）のみならず，社会の抱える長期的な課題（イシュー）も視野に入れて，社会科の学習を進めることができます。

２つめは，社会のしくみを認識する学習を，社会の課題を認識して解決策

を提案するところまで踏み込むことで，そこで起こっていることがより身近になり，より具体的に考えられるようになると考えているからです。これまでにもパフォーマンス課題を設定し，その課題に向かって単元を設計することが提案されてきました（例えば，西岡，2008）。また，社会科でもパフォーマンス課題を設定した実践が多数開発されてきました。この単元構成では，パフォーマンス課題をどのように解決するのかも提案しています。

　3つめは，粘り強く課題に取り組むことで，深い理解につながると考えているからです。これは，主体的に学習に取り組む態度をどのように見取るのかとも関連します。粘り強く取り組む，そして，プロジェクトのゴールを確認しつつ，プロダクトとしての解決策の自己評価を通して，自己の学習を調整する機会を設定することが可能です。

③単元を貫く学習問題としてのプロジェクト

　単元を貫く学習問題は，恒常的社会的論争問題（岩田，2001）を設定します。世界的な気候変動の影響を日本でも受けており，農作物の栽培地域に様々な変化が見られます。食料生産単元の場合には，その変化にどのように対応すべきなのか，一人ひとり，自治体，農業関連団体，政府といったスケールの視点，また，消費者，農家，農業関連業者など多角的な立場の視点を設定するだけでも，様々な対応策が思い浮かびます。また，それらは上手く関連することもあれば，両立が難しい場合もありそうです。どうすればよいのか考え，その解決策をどのように社会に対して訴えるのかも考えるとよいでしょう。特に社会に対してどのように訴えるのかは，教員と児童が一緒になって考えるべきことだと思います。

④プロジェクト型にプロブレム型を統合して

　単元全体は，プロジェクトを解決するためにPjBLとして3次で構成しています。しかし，プロジェクトの解決策をよりよいものにするために，第2次をPbBLとしています。PjBLにPbBLを統合しているのです。そのた

め第2次は，教科書に沿って学習するわけではありません。もちろん有効な解決策につながるのなら，教科書に沿って学習しても問題ありません。要はプロジェクトの解決に向けて，必要な知識，重要な知識を学べばよいのです。

　ここで学習する知識はもちろん科学知中心です。しかし，硬い科学知のみならず問題（プロブレムやイシュー）を解決するために重要なローカル知をも学ぶことになります。ただし，教員はここで学習する知識の断片を理解させるだけでなく，周辺知識も含めてある程度まとまりのある形で教える必要があります。そうでなければ，解決策がどの程度のできなのかを児童自身が振り返ることができません。背景に関する知識が系統化されているほうがよいのです。もちろん，児童自身が自学できればよいのですが，それは完全には難しいでしょう。何を学んでおけばよいのかを見極めて，知識を教授するのは教員の役割です。完全なファシリテーターというよりはコーチに近い存在でしょう。

　獲得した知識を用いて，再度プロジェクトに対する解決策を考えます。その際，1人ではなく，グループで取り組ませたいものです。

⑤ネガティブ・ケイパビリティ

　ネガティブ・ケイパビリティとは「どうにも答えの出ない，どうにも対処のしようのない事態に耐える能力」（帚木，2017）です。恒常的社会的論争問題は簡単に答えが出せるものではありません。そういう問題に対して，自分なりの答え（解決策）を提案し，かつそれを完全だと思わず改善したり，全く別のよりよい解決策に作り替えたりするのです。簡単に解決策が完成したと思わず，どこかに出口があるはずだと諦めない気持ちを持ち続けるのです。

[参考文献]
・岩田一彦（2001）『社会科固有の授業理論　30の提言　総合的学習との関係を明確にする視点』明治図書
・西岡加名恵編著（2008）『「逆向き設計」で確かな学力を保障する』明治図書
・帚木蓬生（2017）『ネガティブ・ケイパビリティ　答えの出ない事態に耐える力』朝日新聞出版
・吉水裕也編著（2022）『新3観点の学習評価を位置づけた中学校地理授業プラン』明治図書

03 PBL的社会科単元で取り組むプロジェクト［第1次］

　第1次は，プロジェクトの設定と最初の解決策の提案段階です。ここでは，「恒常的社会的論争問題の設定」→「それは社会の問題かどうかの吟味」→「解決方法の予備的思考」という場面を設定します。

①恒常的社会的論争問題とその解決プロジェクト

　第1次では，まず社会で起こっている論争問題の解決策を考えるプロジェクトとして学習問題を設定します。論争問題は規範的な概念を用いた意思決定の対象となる恒常的社会的論争問題（岩田，2001）です。恒常的というのは，いつでもどこでも起こる可能性があるものです。例えば，ゴミ焼却場は我々の生活にとって必要なものですが，多くの人が自宅の裏にゴミ焼却場ができることを嫌います。いわゆるNIMBY（Not In My Back Yard）問題です。このような問題は，どの町でも，いつでも起こりうる課題です。また，社会的というのは，自分だけの問題ではないということです。ゴミ焼却場は公共施設ですから，当然自分だけの問題ではありません。社会の問題です。そこで実際に起こっており，その解決策が何通りも考えられるものです。

　例えば，「くらしを支える食糧生産」単元では，「近年の気温上昇への果樹栽培の対応」を取り上げてもよいでしょう。リンゴへの高温による影響として日焼け果，着色不良・着色遅延，虫害の多発，凍霜害，発芽・開花期の前進などが報告されているようです（農林水産省，2020）。気温上昇への対応について，農家の立場になって学習することも可能です。環境変化に対応するために，どのような農園にするべきなのかを考えることができる課題の設定です。もちろんその背景には，農家一戸の問題だけではなく，県の農業試験場，さらには，政府の農業に対する方針（法律など）による制約を受けます。

②それは社会の問題かどうかの吟味

　次に，設定した課題が社会の問題かどうかを吟味します。恒常的社会的論争問題を設定している時点で，それは社会の問題なのですが，児童自身が，設定されている問題が社会の問題かどうかを吟味することが重要です。また，この吟味は，解決策が社会の問題の解決策として設定されるかどうかとも関係します。果樹栽培の方針は，そのまま地域の農業景観を創り出すことになりますから，個人の問題ではなく社会の問題です。そのため，最終のプロダクトはどのような品種をどれくらい植えるのかということだけでなく，どのような景観が形成されるのかということを考えるということも可能でしょう。

③解決策の予備的思考　暫定的解決策とその評価

　次に，とにかく解決策を考えます。そうすると，関連した知識を学習していませんので，児童は解決策の提案に必要な知識の不足を悟ります。

　リンゴ栽培の適地は年平均気温が摂氏6～14度の地域であり，2046～55年頃には，関東地方内陸部，本州の日本海側などにリンゴ栽培に適さない高温地域が広がり，一方で北海道の道北や道東に栽培地が広がると予測されています（農林水産省，2020）。これに対して児童は，例えば「環境の合うところに移転する」ことや「他の農作物に転作する」という解決策を提案します。それぞれもっともな解決策です。結果的にはそのようにしなければならないかもしれません。しかし，それが望ましい地域像なのでしょうか。また，この解決策はどこまで実現の可能性があるのか吟味する必要もあります。リンゴ農家は，収穫したすべてのリンゴを生食用として出荷するわけではなく，ジュースやジャムなどの加工用としても出荷します。移転するにしても，転作するにしても，農家だけの問題ではないことに気づくはずです。

［参考文献］
・岩田一彦（2001）『社会科固有の授業理論　30の提言　総合的学習との関係を明確にする視点』明治図書
・農林水産省（2020）『農業生産における気候変動適応ガイド　りんご編』

04　プロジェクトのために知っておくべきことは［第2次］

　第2次は，プロジェクトの解決策を考えるうえで必要な知識を学びつつ，解決策を改善する段階です。教員が組織する授業で，学び方を学ぶことも大切です。知識の獲得状況や自分自身の学び方を自分自身で評価することも学習に含まれています。そして，教員が問いを発して必要な知識を獲得させ（PbBL）つつ，解決策のブラッシュアップを繰り返すことで粘り強く学習を自己調整します。通常のPbBLでは自学自習が奨励されます。しかし，実際には教員が習得すべき知識や概念を整理し，毎時間の学習課題を設定しつつ，児童が探究心をもって学習してくれることを望みたいものです。

①問いの構造と知識の構造

　第2次では，まずプロジェクトの解決策を作成するために必要な知識・概念や技能は何かを考えます。例えば，農林水産業は，産業の中でも自然環境の変化の影響を直接受けやすいです。農場経営を持続可能にするためには，地球規模の気候の変化についてもある程度理解しておく必要があります。ご存知の通り，世界の平均気温は過去100年で約1℃上昇しており，近年ほどその変化が大きくなっています。そのような変化を考慮して，解決策を提案するために必要な知識・概念や技能を学習します。

②見方・考え方を働かせる

　長野県ではシナノリップという新品種を2018年から出荷しています。長野県農業関係試験場ウェブサイトによると，「千秋」と「シナノレッド」を交配して生まれた長野県のオリジナル品種で，開発には19年の歳月がかけられたそうです。シナノリップは，高温条件でも着色良好な早生品種です。この

ように対応品種を生み出す取組が実際に行われています。富山県ではリンゴの日焼け果対策として，わい化栽培圃場に細霧冷房装置を導入して経済的効果の検証が行われたり，青森県津軽地方の中南地域では，2004年頃から早生種のリンゴをモモへ改植する動きが始まったりしているとのことです（農林水産省，2020）。モモはリンゴと栽培資材を共有できることや台風時期より早く収穫できたり，複数品種栽培で収穫期が分散できたりもします。

このように，すでに行われている国や県の対策を学習することによって，どこ（位置や空間的広がり）でどのような対策が行われているのか（比較・分類），農家だけでなく様々なステークホルダー間のつながり（事象や人々の相互関係，総合）を考えながら知識を獲得したり，解決策の改善に結びつけたりできるとよいでしょう。

③概念探究とその省察

教員は，児童の経験知を理解したうえで，それとギャップが生じるように科学知を提供して学習問題（問い）を発見させ，探究するための支援を行います（図２）。基本的な知識とスキルは，文脈に沿った探究と脱文脈的な知識学習の繰り返しで獲得されます。図１では探究が１回しか行われないように見えますが，実際には因果関係などを認識する探究が必要に応じて何度か繰り返されます。もちろん自学で，知識や技能の獲得がなされることも奨励されます。

```
Ⅰ  情報収集→
Ⅱ  情報の分類・比較→
Ⅲ  学習問題発見・把握
   （なぜ疑問の発見・把握）→
Ⅳ  予想の提示（情報間の関係の直観的結合）→
Ⅴ  仮説の設定（情報間の分析的結合）→
Ⅵ  仮説の根拠となる資料の収集
   （情報間の関係考察）→
Ⅶ  検証（情報間の関係の証明あるいは否定）→
Ⅷ  まとめ，応用，新しい問いの発見
```

図２　概念探究過程（岩田，1991）

［参考文献］
・岩田一彦編著（1991）『小学校社会科の授業設計』東京書籍
・農林水産省（2020）『農業生産における気候変動適応ガイド　りんご編』

05 再度プロジェクトに取り組む [第3次]

　第3次は，第2次で学んだ知識や概念を総動員して未来を予測し，考え続けてきたプロジェクトに再び取り組む段階です。ここでは，具体的な未来予測に基づいた解決策をグループで検討し提案します。解決策に必要なデータは，個人やグループで見つけたり，作成したりします。身近なテーマの場合は，直接フィールドワークを行うことも可能です。直接調査ができない場合でも，データのマッピングにより現状を把握して未来を予測したり，課題改善への洞察をしたりすることが期待されます。

①知識を総動員して

　図1（p.13）には単元全体で2種類の省察が盛り込まれています。解決策を考えつつ，それでよいのかと振り返ります。そして，最終的な解決策を作った後に全体を振り返ります。どちらの省察も，論争問題に対して解決策を提案したり判断したりするために十分な知識（データ）や概念を用いているかどうかや，自身の学び方の振り返りにつながります。このように学習を進めることで，3観点すべてを見取る場面を設定することができます。

②グループでプロジェクトに取り組む

　第1次の最初には，「私はどうすればいい？どうすべき？」という単数形の主語での問いを設定しています（図1）。一方，第3次では「私たちはどうすればいい？どうすべき？」と，主語を複数形にしています。私たちの範囲は様々考えられますが，個人の問題から社会の問題への架け橋だと考えて，複数形にしています。グループのメンバー，クラス，学校，地域，企業，日本という国など様々な主体が想定されます。社会の問題を解決する主体は，

児童一人ではないはずです。

　第2次では教員が解決策のために役に立つ知識を探究的な学習によって「提供」しましたが，児童一人ひとりはそれ以外にも知識を獲得しているかもしれません。そして，それぞれの解り方は，それぞれの育ってきた環境などによって異なっているのが普通です。知識構成型ジグソー法（三宅，2011）に代表される協調学習のように，それぞれの解り方の違いを生かしたほうが，多角的でユニークな解決策が生まれるのではないでしょうか。

③現地の文脈を考慮して

　プロジェクトが地域の問題であれば，地域に暮らす一般の人々は，専門家が知らないようなローカルな知識をもっていることがあります。吉川（2005）は，ジョハリの窓を応用して，地域が抱える問題に関する情報の共有プロセスを提案しています。専門家も非専門家（一般の人々）も知っている問題，専門家しか知らない問題，地域の人しか知らない問題，どちらも知らない問題があることになります。第2次で学習する知識や概念は，専門家によって系統化されたものです。一方，地域で起こっている問題に対する解決策を考えようとすると，地域の人々にしか認識されていない問題を加えて考える必要があります。そうしなければ，地域の人たちにとっての解決策になりません。この点を考慮して，解決策のブラッシュアップを繰り返したいものです。

［参考文献］
・吉川肇子（2005）「リスク・コミュニケーションとゲーミング」矢守克也・吉川肇子・網代剛『防災ゲームで学ぶリスク・コミュニケーション　クロスロードへの招待』ナカニシヤ出版，p.22.
・三宅なほみ（2011）「概念変化のための協調過程―教室で学習者同士が話し合うことの意味―」，心理学評論54(3)，pp. 328-341.

06 PBL的社会科単元構成と学習評価

①知識・技能

　プロジェクト解決策の提案のためには，多くの知識や技能が必要です。しかし児童には，プロジェクト提示の時点では必要な知識や技能が身についていないことがほとんどです。まずはそのことを自覚させる必要があります。

　この単元構成の第2次では，探究型の授業によってプロジェクトの解決策を提案するうえで必要な知識や技能を獲得します。知識や技能は，いつか役に立つものを獲得するということではなく，目の前に起こっており，プロジェクトの解決策を考えるうえで必要不可欠なものが中心です。一方，前述の通り，背景となる幅広く系統化された知識も必要ですから，知識も探究的に学んだほうがよいでしょう。「なぜ」を中心にした知識のセットを獲得することが大切です。さらに，第3次では解決策を改善しますので，その際不足している知識や技能を補強することになります。

　知識・技能の観点は，それ自体が獲得され，定着しているのかという見取り方とともに，獲得した知識や技能が解決策にどのように活用されているのかによって見取ることも大切です。

②思考・判断・表現

　PBL的社会科単元構成の場合，解決策を提案するためには思考や判断が連続的に行われることになります。そして，提案すること自体が表現です。第1次では，暫定的な解決策を提案します。ここでは判断と表現を見取ることが可能です。第2次では，解決策を充実させるための知識や技能を獲得します。知識を羅列的に学ぶわけではなく，解決策を充実させるためには何が

重要な知識なのかを判断しながら学ぶことができればよいわけです。もちろん，「なぜ」そうなるのかを思考しながら，知識のセットを獲得します。また，第3次では，獲得した知識のうちから重要なものを用い，さらに必要な知識を自ら補強して，解決策を作る基礎とします。

③主体的に学習に取り組む態度

　この単元構成では，主体的に学習に取り組む態度を見取ることができる場面をいくつか意図的に設定しています。この観点は「粘り強い学習を行おうとする側面」と「自らの学習を調整しようとする側面」の2つの側面をクロスさせて評価しようというものです。

　図1（p.13）の中には，省察という文字とともに，小さなループが描かれています。解決策を考えるに当たり，様々な知識などが必要になります。知識などを継続的に獲得していることが見取れるのなら「粘り強い学習」を行おうとしていることになります。もちろん，すぐに使うことができる知識を獲得するように単元が構成されていること自体が，粘り強く取り組ませるための工夫でもあります。また，省察という文字と小さなループは，知識を活用してプロジェクトの解決策のブラッシュアップが繰り返し行われていることでもあります。児童は獲得した知識などを活用して解決策を提案します。その際，この知識だけで十分なのか省察し，さらなる知識獲得の必要性を感じたり，実際に知識を補強したりしたならば，「自らの学習を調整しようとした」と言えるでしょう。粘り強く，自らの学習を調整するための仕掛けを組み込んでいるのです。

　第3次の最後には，解決策の評価と自分たちの学習を振り返って自己評価をします。自らの学習を評価する活動を，学習の一環と位置づけることが大切です。そのときによりどころとなるのは，単元のはじめに共有するルーブリックでしょう。児童と教員が，学習を進めながらルーブリック自体の妥当性を検討したり，最高の評価を超えるのはどのようなものかを考えたりできれば，プロジェクト自体をメタ的にとらえることができ，深まりが増します。

07 学習をサポートする　ワークシート

①解決策提案ワークシート

　この学習では，解決策のブラッシュアップや作り替えを通して，地域の課題や地域自体を社会的な見方や考え方から深めていくことになります。そのプロセスをどのように見える化し，自己調整可能にするのか，工夫が必要です。本来は，このような工夫も児童自身がしてくれればよいのですが，ある程度のサポートも必要でしょう。そこで，プロジェクトの解決策提案のためのワークシートの例を提示しておきましょう。これは一例ですから，学校や学年，クラスの実情に合わせてアレンジすることをおすすめします。ワークシートに盛り込んだ要素と，それを組み込んだ理由を整理しておきます。

②ワークシートの要素

- ・解決策　　予備的解決策（下書き），修正解決策，最終解決策（文章表記のみのものもあれば，地図を併記するものも考えられます）
- ・省察①　　不足している知識，必要な知識，学習方法
- ・省察②　　ルーブリックを用いた解決策の自己評価
　　　　　　ルーブリックのモデレーション

　解決策の修正過程をポートフォリオすることが自分自身の学びが進んだことを確認するうえでも重要です。そのため，解決策を修正したり，抜本的に作り替えたりするプロセスを可視化します。また，その過程で，不足していると考えた知識やさらに必要な知識を児童自身が整理できることが自立した学びにつながります。さらに，ルーブリック自体をベンチマーク（比較するための基準）的に扱うことで，提案した解決策を相対化することができます。

解決策提案ワークシート

解決策の概要				
	解決策　文章	解決策　地図	自己評価	不足している知識など
予備				
修正				
最終				

ルーブリックの例

段階	プロジェクトに対して
3 十分満足	授業や自学で獲得した知識などを活用し，課題に応じた〇〇問題解決策をグループで協力して修正し，提案している。
2 概ね満足	授業で獲得した知識を活用し，課題に応じた〇〇問題解決策をグループで協力して修正し，提案している。
1 要努力	一般的な〇〇問題解決策に留まっていたり，グループで協力して修正することができなかったりした。

08 児童の解決策（作品）を どのように共有するか

①評価したいのは解決策よりも解決プロセス

　PBL的社会科単元構成による学習では，社会に対する見方・考え方を働かせて，解決策のブラッシュアップや作り替えを行います。単元が終了したときには，プロジェクトの成果物（プロダクト）ができあがります。そのプロダクトの善し悪しももちろん探究のプロセスを反映しているでしょうが，それよりも評価したいのは，どのように問いを立てて探究したのかというプロセスです。ただ，そのプロセスを見える化するためには工夫が必要です。本来は，このような工夫も児童自身がしてくれればよいのですが，最初はある程度のサポートも必要でしょうし，実はこの工夫をすること自体が，PBL的な授業をする力量の向上につながると思います。

　一方で，児童が解決したのは社会の問題ですが，その解決策（作品）は，社会の中の誰かに向けての解決策であるはずです。つまり解決策を手にするユーザーが想定されているはずなのです。評価の際には，どのようなユーザーに向けての解決策なのかということが明確に打ち出されているものが分かりやすいでしょう。解決策を練り上げていくプロセスの中で，ユーザー意識が明確になっていくのかも大切な見取りの視点になるはずです。

②プロダクトをどのように共有するか

　探究のプロセスをポートフォリオするだけでなく，プロセスや誰に向けての解決策なのかが表現されたプロダクトの展示をしたいものです。

　学校では，様々な授業での児童作品を展示しているのではないかと思います。例えば，児童の絵画作品や書写での作品が教室後方の壁に展示されてい

ることがよくあります。みなさんの学校では，児童の作品はどのように展示されているでしょうか。出席番号順に全員の作品が展示されているのでしょうか。この展示は教員の仕事でしょうか。教室内でよいでしょうか。プロダクトの展示にひと工夫加えて，成果物に新たな価値づけをしてみたいものです。

　まずは，PBL的単元でのプロダクトを児童と一緒にどのように展示すればよいか考えたいものです。どのようなプロセスがあったのか，何が上手くいって，何が上手くいかなかったのかということなどを共有すると，探究のプロセスで大切だったことが見えてくるかもしれません。どのプロダクトを中心に展示するのがよいかということも，児童に考えてもらうと，相互評価になります。自分たちの探究の成果を学校のどこに展示すれば最も提案が伝わるのか，そして学校外の誰に成果を見てもらうとよいのかも一緒に考えてもらうと，プロジェクト自体を振り返るよい視点になると思います。

　次に，実際にプロダクトを展示します。できれば児童が実際に展示作業を行うのがよいでしょう。自分たちが探究した問いの解決プロセスが最も伝わるように展示したいものです。学校内では他の先生方や他の学年の児童にもぜひ展示を見てもらいたいですし，批評もしてもらうとよいでしょう。

　解決策を作って提案すれば学習が終わったと考えるのではなく，さらにその解決策をどのように展示して発信するのかを考え，実行するところまでを学習と考えるということです。

　このような取組は，アメリカ合衆国カリフォルニア州のサンディエゴにある民営の公立学校（チャータースクール）であるHigh Tech High（サンディエゴ内に4キャンパスがあり，小学校もある）で盛んに行われています。筆者も2024年2月にHigh Tech HighのMesa校とNorth County校を訪問し，PBLの成果の展示（Curation）を見る機会がありました。

［吉水裕也］

Chapter2

「わたしたちの国土」の授業デザイン

わたしたちの国土

01 ［世界の中の日本］

世界の国旗をグループ分けしてみよう

［宮苑聖輝］

オリジナル万国旗を作ろう！国旗をどうグループ分けする？

　世界には約200もの国々があり，どの国にも国旗があります。日本の国旗のデザインはシンプルな一方，色とりどりの国旗を見比べてみると，同じ図柄が入っていたり，そっくりなデザインのものがあったりします。何か理由があるのでしょうか。「大陸が同じ？」「信仰している宗教が同じ？」「それとも全く関係がない？」。こうした問いをもって国旗を調べてみると，その国の歴史や文化が見えてきます。様々な国旗を，問いをもとに分類し，その類似点や共通点から国旗の示す意味を知ることは，まさにその国を知り，そして世界を知ることにつながります。

　それでは，教科書では国旗をどのように扱っているのでしょうか。世界の中の国土の学習を見てみると，A社とB社には18か国の国旗が掲載されています。しかし，国旗の意味や由来を紹介するに留まっていたり，発展的な内容と位置づけられたりしています。つまり，国旗の意味や由来はほとんど知ることができません。前述したように，国旗の意味を知ることは，その国を知り，世界を知ることにつながりますので，国旗について理解を深めたいものです。また，国旗といえば，運動会を彩る万国旗を思い浮かべる人も多いのではないでしょうか。運動会で大活躍の万国旗は，地理や国名などは考慮せずに，ある程度知名度がある国の中から，色とデザインを見て，カラフルになるように並べられているそうです。最近では，万国旗にない国への配慮や午前中開催の運動会が増えるなど，運動会簡素化の流れで万国旗を飾る学校も少なくなっています。しかし，そのような状況だからこそ，児童が作成したオリジナル万国旗をキュレーションしてみてはいかがでしょうか。

> プロジェクト

　世界には約200もの国々があり，どの国にも国旗があります。一見するとばらばらに見えますが，比べてみると似ている国旗やつながりがありそうな国旗があります。それらの国旗をグループ分けし，運動会で飾るためのオリジナルの万国旗を作ってください。

単元目標&評価規準

・世界の主な大陸や海洋，主な国の名称と位置，主な国の国旗について理解する。
・世界の国々には国旗があり，それらの国旗にはそれぞれの意味や由来があることについて理解する。
・国旗をどのように分類できるかを考え，表現する。
・解決策提案に向け必要な知識などを粘り強く獲得し，解決策を繰り返し修正しようとする。

知識・技能	思考・判断・表現	主体的に学習に取り組む態度
●世界の大陸と主な海洋，主な国の位置などについて，地図帳や各種資料で調べて，必要な情報を読み取り，世界全体の概要を理解している。 ●調べたことを白地図や文章などにまとめ，国旗とは，国家や国民を象徴しそのアイデンティティを示すものであり，国旗のデザインはその国の文化や歴史，宗教，地理，政治などを表現していることを理解している。	●国旗のデザインや色，シンボルなどに着目して，問いを見出している。 ●それぞれの国旗の類似点や共通点から国旗のデザインが示すその国の文化や歴史，宗教，地理，政治などを考え分類し，適切に表現している。	●オリジナル万国旗を作成することに向け，粘り強く知識などを獲得したり，必要な知識などが十分なのかを確認したりしようとしている。

単元を貫く学習問題

オリジナル万国旗を作ろう！国旗をどうグループ分けする？

ルーブリック

段階	プロジェクトに対して
3 十分満足	授業や自学で獲得した知識を活用し，国旗の分類をグループで協力して修正しつつ提案している。
2 概ね満足	授業で獲得した知識を活用し，国旗の分類をグループで協力して修正しつつ提案している。
1 要努力	知っている国や著名な国などによる分類に留まっていたり，グループで協力できなかったりした。

問いの構造図

説明的知識に対応する問い	分析的知識に対応する問い	主な記述的知識
オリジナル万国旗を作ろう！国旗をどうグループ分けする？	A-1 この国旗はどこの国の国旗かな？ A-2 なぜ，日本・中国・イスラエルといった国が万国旗に選ばれているのかな？ A-3 その他にどのような国旗があるのかな？	国旗，日本，中国，韓国，イタリア 南アフリカ，サウジアラビア，ニュージーランド
B 国旗のデザインにはどのような意味があるのかな？	B-1 どのような国旗があったかな？ B-2 国旗のデザインにはどのような意味があるのかな？	キリスト教，植民地，六大陸，三大洋，緯度経度 南十字星，太陽，イスラム教
C 国旗のデザインにはどのような類似点や共通点があるのかな？	C-1 国旗にはどのようなデザイン・シンボル・色があるのかな？ C-2 国旗のデザインにはどのような類似点や共通点があるのかな？	

単元指導計画

	学習活動	指導上の留意点○と評価●
第1次 (1)	A-1 万国旗に選ばれている国旗の中から，国旗クイズをし，いくつかの国旗について知る。 A-2 万国旗に選ばれた国旗の選定基準について考える。 恒常的社会的論争問題：オリジナル万国旗を作ろう！国旗をどうグループ分けする？ A-3 その他の国旗について確認する。 解決方法の予備的思考：キッズ外務省世界の国旗パンフレットを参考に解決策を考える。 ・ルーブリックを確認する。	○地図帳で確認する。 ○地図帳や資料集で確認する。 ●知識不足を認識しているか。【態】
第2次 (2)	必要な知識や概念の確認・選択：国旗の類似点や共通点から国旗の意味や由来を見出し，それらをグループ分けして万国旗の作成案を考える。 知識や概念の獲得：B-1 どのような国旗があるのか再確認する。 B-2 国旗のデザインと意味について知る。 C-1 デザイン・シンボル・色など国旗について調べる。 C-2 類似点や共通点からどのような分類ができるか考える。	 ●知識が十分か振り返っているか。【態】 ●国旗の意味や由来を理解しているか。【知・技】 ○Google Classroom や Microsoft teams などで『(キッズ外務省)世界の国旗一覧』を共有する。 ●知識を活用して解決策を考えているか。【態】
第3次 (2)	協調的問題解決：国旗のデザインの類似点や共通点から国旗を分類し，オリジナル万国旗を提案する。 省察：オリジナル万国旗を提案シートに記入して自己評価，相互評価する。	●国旗のデザインの類似点や共通点から国旗を分類し，オリジナル万国旗を考えているか。【思・判・表】

授業展開

第1次

第1時の目標：世界の主な国々と国旗について知る。

学習活動	主な問い・指示	児童の反応・〈知識〉
[第1時] 国旗クイズ	A-1 この国旗はどこの国の国旗かな？	〈日本，中国，韓国，イタリア……〉 〈世界の約200ものそれぞれの国に国旗がある。〉
	A-2 なぜ，日本・中国・イスラエルなどの国が万国旗に選ばれているのかな？	・日本と韓国は真ん中に模様が描かれているよ。でも，中国とイタリアは違うな。
	・世界にはおよそ200もの国々があってそれぞれに国旗があるよ。	・有名な国だから。 ・カラフルできれいだから。
	・万国旗は，有名な国の中から，色とデザインをみて，カラフルになるように作られているのだよ。	・決まりはないんだね。
恒常的社会的論争問題	オリジナル万国旗を作ろう！国旗をどうグループ分けする？	
	A-3 その他にどのような国旗があるのかな？	〈南アフリカ，サウジアラビア，ニュージーランド……〉 ・もっと国旗を見てみたいな。
	・地図帳や資料集で確認しましょう。	
解決方法の予備的思考	・キッズ外務省世界の国旗パンフレットを見て，国旗をどうグループ分けしたらよいかを考え	・日本に似た国旗があるよ。 ・同じ模様が描かれた国旗があるよ。 ・3色の似ている国旗があるよ。

	て，オリジナル万国旗を提案してみよう。 ・国旗には類似点や共通点がありそうだね。	〈解決策シート１に記入〉

[第２次]

第２時の目標：国旗のデザインには，その国の文化や歴史，宗教，地理などが表されていることを理解する。

第３時の目標：国旗の類似点や共通点から国旗の意味や由来を見出し，それらをグループ分けして，オリジナル万国旗の第２次提案を行う。

学習活動	主な問い・指示	児童の反応・〈知識〉
[第２時] 必要な知識や概念の確認・選択 国旗のデザイン	・プロダクトを考えるためには何を知っていないといけない？ B-1 世界にはどのような国旗があったかな？ ・国旗のデザインの類似点や共通点から国旗デザインの意味を考えるよ。 B-2 国旗のデザインにはどのような意味があるのかな？ ・（スイス，スウェーデン，ギリシャの国旗を示して）これらの国の場所を地図帳から探しましょう。共通してい	・どのような国旗があるか。 ・国旗をどうグループ分けしたらよいか。 ・日本に似た国旗があったよ。 ・同じ模様が描かれた国旗があったよ。 ・３色の似ている国旗があったよ。 ・家でも調べたのだけれど，斜めに線が引かれている国旗があったよ。 ・ヨーロッパにあるね。 ・ユーラシア大陸にあるね。 ・十字が描かれているよ。 〈十字のシンボルが使われているのはキリスト教徒が多い。〉

	ることは何かな？ ・（グアテマラとニカラグアの国旗を示して）これらの国の位置を地図帳から探そう。共通していることは何かな？ ・ケニア，オマーン，エスワティニの国旗を地図帳から探そう。共通していることは何かな？ ・オーストラリア，フィジーの国旗を地図帳から探しましょう。共通していることは何かな？ B 国旗のデザインにはどのような意味があるのかな？	・どちらも水色に挟まれているね。 ・北緯15°西経90°のところにグアテマラがあるよ。 ・北アメリカ大陸と南アメリカ大陸のちょうど真ん中にあるね。 〈太平洋とカリブ海に挟まれていることを意味し，地理を表している。〉 ・ケニアとエスワティニはアフリカ大陸にあるよ。 ・武器が描かれているよ。 〈ケニアの国旗にはマサイ族の槍と盾，オマーンの国旗には伝統的な短刀と太刀，エスワティニの国旗には伝統の武器が描かれていて，その国の文化が表されている。〉 ・イギリスの国旗が描かれているよ。 〈イギリスの植民地だった国のいくつかの旗にはユニオンジャックが描かれており，その国の歴史を表している。〉 〈国旗のデザインには，その国の地理や歴史，宗教，文化など様々な意味がある。〉
[第3時]	C-1 国旗にはどのようなデザイン・シンボル・色があるのかな？ ・キッズ外務省世界の国旗一覧で調べてみましょう。	・太陽や月と星，文字，動物，風景などが描かれているよ。 ・斜めやT字，横に分割されるなどいろいろなデザインがあるね。 ・赤や青，白，緑などいろいろな色

国旗の類似点や共通点	C-2 国旗のデザインにはどのような類似点や共通点があるのかな？ ・類似点や共通点を見つけたら，その意味をインターネットや図書館の本で調べてみましょう。 C 国旗のデザインにはどのような類似点や共通点があるのかな？ ・再度解決策を考えて，シートに記入してみよう。	が使われているよ。 ・動物が描かれている国旗がたくさんあったよ。 ・世界遺産が描かれている国旗もあったよ。 ・アフリカには赤，黒，緑の3色，そして緑，黄，赤の3色の国旗が多いね。 ・南十字星が描かれた国もあったよ。 ・カンボジア王国，サンマリノ共和国には世界遺産が描かれていたよ。 ・コンゴ共和国，タンザニア連合共和国，ソロモン諸島，マーシャル諸島共和国の国旗は，斜めのしまが使われているよ。 ・ケニア共和国，マラウイ共和国は赤，黒，緑の3色で，赤はアフリカ人のほこりたかい血，黒は肌の色，緑は豊かな自然を表しているそうだよ。 〈解決策シート2に記入〉 ・獲得した知識は十分かな？

第3次

第4時の目標：グループで解決策をブラッシュアップし，提案する。
第5時の目標：お互いの解決策をどのように展示するか提案する。

学習活動	主な問い・指示	児童の反応・〈知識〉
[第4時] 協調的問題解決 学習内容・方法の省察と新しい問題発見	・4人のグループを作り，解決策をブラッシュアップしよう。 ・解決策シート3に記入して，自己評価，相互評価しよう。	・カンボジア王国にはアンコールワットが，サンマリノ共和国にはチタノ山と3つの塔が，レバノンには神の杉が描かれていて，世界遺産グループに分けられます。 ・コンゴ共和国，タンザニア連合共和国，ソロモン諸島，マーシャル諸島共和国の国旗は，ヨーロッパの植民地で斜めのしまが使われています。この斜めのしまは，「勢い」や「成長」を表していて，新しい国をつくるという思いがあるグループに分けられます。 ・トルコ共和国やリビア国，トルクメニスタンなどに書かれている，三日月と星はイスラム教のシンボルになっています。これらの国と，十字が描かれた国を合わせて，宗教に関係するというグループ分けもできそうだね。
[第5時]	・ルーブリックで，このプロジェクトで伝えたいことを再確認しよう。 ・プロジェクトの成果をどのように発信すればよい？	・グループ分けした万国旗と，どのようにグループ分けしたかの説明書を考えて，合わせて展示したい。

プロジェクトの評価

　地図帳や（特に）キッズ外務省世界の国旗一覧を使うと，容易に国旗デザインの類似点や共通点を見出すことはできると思います。しかし，「何となくデザインが似ているから一緒のグループ」ではなく，それらの国旗に「どのような意味が込められているのか？」と児童が問いをもって，その意味を追究し，グループ分けすることが大切です。

　児童は授業内容や自学により，次のような提案をするでしょう。

★解決策：

　コンゴ共和国，タンザニア連合共和国，ソロモン諸島，マーシャル諸島共和国，トリニダード・トバゴ共和国でグループを作りました。このグループの共通点は，ななめのしまが描かれていることです。ななめのしまには，「勢い」や「成長」が表されていて，かつてヨーロッパの植民地だったこれらの国が独立し，「新しい国を創ろう」「豊かな未来を目指そう」という意味が込められています。

　また，Microsoftのwebサイトには，国旗か

ざり（万国旗）というPowerPointのテンプレートがあります。画像を変更し，国旗を用意すれば，あとは好きなサイズで印刷し，ラインで折り曲げ，ひもに通せば簡単に完成するので，○○小学校だけのオリジナル万国旗を作ってみてはいかがでしょうか。

［参考文献］
・桂田祐介（監修）（2024）『くらべてわかる国旗』山と渓谷社
・吹浦忠正（2020）『世界の国旗の「えっ！」』主婦の友社
・吹浦忠正（2023）『世界の国旗「つながり」図鑑』グッドブックス
・ロバート・G・フレッソン（著），小林玲子（訳）（2018）『世界一おもしろい国旗の本』河出書房新社

02 [国土の地形や気候の特色と人々のくらし]

ALTの先生に日本のおすすめ スキーリゾート地と観光プランを提案しよう！

[大矢幸久]

オーバーツーリズム対策としてスキーリゾート地の代替案を提案しよう

　近年，日本各地の観光地でオーバーツーリズム問題が生じています。オーバーツーリズムとは，「観光地やその観光地に暮らす住民の生活の質，及び／或いは訪れる旅行者の体験の質に対して，観光が過度に与えるネガティブな影響」（国連世界観光機関，2019）を意味します。その対策については様々に検討されています。その一つの対策として，観光庁（2024）では，観光需要が少ない地方への誘客を目指す「地域観光新発見事業」が進められるなど，観光客の「地方分散」が試みられています。

　オーバーツーリズムの問題は，J．アーリ（1995）の「観光のまなざし」と大きく関係します。これは，観光地を所与のものではなく，観光客のまなざしによって創り出され，形成されるものととらえるものです。観光客のまなざしは，観光業者やプロモーター，専門家，メディアなど様々な主体の活動によって規定されます。似たような観光資源を有する場所が他にあるにもかかわらず，特定の場所にだけ観光客が集中してしまうのは，ある場所が訪れるべき場所として政治的，経済的，社会的に創り出されてしまうからです。

　そこで本単元では「国土の地形や気候の特色と人々のくらし」のねらいを踏まえながら，自然景観が魅力の観光地の代替案を考えます。具体的には，国際的なスキーリゾート地である北海道・ニセコ町のオーバーツーリズムをきっかけとして，地形条件や気候条件などに着目してニセコ町に替わりうるスキーリゾート地を選定するプロジェクトを設定します。オーストラリアからの観光客のもつまなざしや旅行需要に即して，スキーリゾート地としてのポテンシャルをもつ場所を見出し，ALTの先生に紹介することを目指します。

> プロジェクト

　今年，私たちの学校に赴任されたALT（外国語指導助手）のエマ先生はオーストラリア出身です。旅行やスキーが趣味です。先生は以前，オーストラリアで有名な日本のスキーリゾート地である北海道のニセコ町を訪れ，とても楽しい時間を過ごすことができたそうです。せっかくなので，日本に滞在中，さらに他のスキーリゾート地にも行ってみたいと考えています。そこで，エマ先生が行きたくなるような日本のスキーリゾート地とそこでの観光プランを提案してください。

単元目標＆評価規準

・スキーリゾートに対する観光客のまなざしの特性について理解する。
・スキー場の立地を視点として国土の地形や気候の特色について理解する。
・地形条件や自然条件，社会条件などを踏まえて，スキーリゾートの最適地や観光プランを考える。
・ユーザーが求めるスキーリゾートの候補地の提案に向けて，必要な知識などを粘り強く獲得し，解決策を繰り返し修正しようとする。

知識・技能	思考・判断・表現	主体的に学習に取り組む態度
●自然条件を生かした観光地の特質について地図帳など各種資料で調べて，必要な情報を読み取り，わが国の国土の地形や気候の概要を理解している。 ●調べたことを白地図や文章などにまとめ，人々は自然条件を生かしながら生活したり，産業を営んだりしていることを理解している。	●自然条件を生かした観光地に着目して問いを見出している。 ●自然条件を生かした観光地の地形条件や気候条件，観光地に対する主体のまなざし，交通などの社会条件などを総合して，国土の自然環境の特色やそれらと国民生活との関連を考え，表現している。	●ユーザーが求める問題解決策の提案に向けて，粘り強く知識などを獲得したり，必要な知識などが十分なのかを確認したりしようとしている。

単元を貫く学習問題

ALTの先生に日本のおすすめスキーリゾート地と観光プランを提案しよう！

ルーブリック

段階	プロジェクトに対して
3 十分満足	授業や自学で獲得した知識を活用して，スキーリゾートの候補地と観光プランをグループで協力して修正しつつ提案している。
2 概ね満足	授業で獲得した知識を活用して，スキーリゾートの候補地と観光プランをグループで協力して修正しつつ提案している。
1 要努力	授業で獲得した知識を活用しないでスキーリゾートの候補地や観光プランを提案している。または，グループで協力していない。

問いの構造図

説明的知識に対応する問い	分析的知識に対応する問い	主な記述的知識
A なぜ，オーバーツーリズムが生じているのかな？	A-1 全国の観光地ではどのような問題が生じているかな？ A-2 観光公害に対してどのような取り組みがされているかな？	オーバーツーリズム（観光公害） 地方分散，地方誘客
ALTの先生に日本のおすすめスキーリゾート地と観光プランを提案しよう！	B-1 ニセコ町ではどのような問題が生じているかな？ B-2 オーストラリアからの観光客に人気の地域はどこかな？	地価高騰，渋滞，タクシー不足 訪日観光ルート ゴールデンルート
C なぜ，ニセコ町はオーストラリアからの観光客に人気なのかな？	C-1 ニセコ町はどのような自然が見られる地域なのかな？ C-2 ニセコ町は自然条件を生かして，どのような生活や産業が営まれているのかな？ C-3 観光客はニセコ町でどんなことをしているのかな？	冷涼な気候，多雪，火山，丘陵地 観光業，農業（馬鈴薯など畑作，稲作，果樹，酪農） スキー，温泉，食事，買い物，体験 山脈，平野の分布 気候区分，降雪
D 日本にはどのような自然条件をもつ場所があるのかな？	D-1 （日本の）国土の地形や気候の特色を踏まえると，スキーリゾートの候補地はどこかな？ D-2 スキー場がある地域では，自然を生かしてどのようなくらしや産業が営まれているかな？	嬬恋村，高原，抑制栽培，地形や気候を生かした生活

単元指導計画

	学習活動	指導上の留意点○と評価●
第1次 (3)	A-1　全国の観光地でオーバーツーリズムの問題が生じていることを知る。 A-2　オーバーツーリズムの対策として，観光地の地方分散が進められていることを知る。	○新聞記事やニュース映像からオーバーツーリズムの現状をとらえさせる。
	B-1　ニセコ町ではどのような問題が生じているのかを知る。 B-2　オーストラリア訪日客による観光行動の特性を把握する。 恒常的社会的論争問題：ALTの先生（オーストラリア出身）に日本のおすすめスキーリゾート地と観光プランを提案しよう！ 解決方法の予備的思考：ニセコ町以外のスキーリゾートの適地とそこでの楽しみ方を考える。 ・ルーブリックを確認する。	○ニセコ町でもオーバーツーリズムの懸念が高まっていることを知る。 ●知識不足を認識しているか。【態】 ○ゴールを確認する。
第2次 (10)	必要な知識や概念の確認・選択：スキーリゾート訪日客分散のための解決策を考える。 知識や概念の獲得：C-1　ニセコ町はどのような自然条件をもつ場所なのか調べる。 C-2　ニセコ町は自然条件を生かしてどのようなくらしや産業が営まれているのか調べる。 C-3　観光客はニセコ町でどのようなことをして過ごしているのかを調べる。	○オーストラリア人観光客の観光行動の特性に焦点化して考える。 ●資料を踏まえ，必要な知識や概念を獲得できているか。【知・技】 ●知識が十分か振り返っているか。【態】
	D-1　（日本の）国土の地形や気候の特色を踏まえて，スキーリゾートの候補地を考える。 D-2　スキー場が立地する地域の自然条件やくらし，産業について調べる。	○ニセコ町の自然条件との共通点を考えさせる。 ●知識を活用して解決策を考えているか。【態】
第3次 (2)	協調的問題解決：オーストラリア人の旅行需要に応じたニセコ町以外のスキーリゾート地とそこでの観光プランを提案する。 省察：解決策を提案シートに記入して自己評価，相互評価する。	●オーストラリア人の旅行需要を踏まえながら，ニセコ町に替わるスキーリゾート地と観光メニューを考えているか。【思・判・表】

授業展開

第1次

第1時の目標：全国の観光地でオーバーツーリズムの問題が生じていて，それに対して対策が考えられていることを知る。

第2時の目標：オーストラリア人観光客に人気のあるニセコ町でのオーバーツーリズムの問題について知る。

第3時の目標：オーバーツーリズムの回避に向けたスキーリゾートの代替地とそこでの観光プランを提案する。

学習活動	主な問い・指示	児童の反応・〈知識〉
[第1時] 記事の読解	A-1 日本各地でどのようなオーバーツーリズムの問題が生じているかな？ ・ニュースを見てみよう。 A-2 観光客が一部の観光地に集中しないように，どのような取り組みがなされているかな？	〈京都や鎌倉などをはじめ，全国の様々な観光地でオーバーツーリズム（観光公害）の問題が生じている。〉 ・住んでいる人にとっては迷惑だな。観光客も観光を楽しめないかも。 ・観光庁（2024）『オーバーツーリズムの未然防止・抑制に向けた取組』で確認。 ・観光客を時間的に分散させる方法とその他の観光地に分散させる方法が考えられているんだね。
[第2時] 資料の読解	・オーストラリアからいらしたALTのエマ先生が日本を旅行したときのお話をうかがおう。 B-1 北海道のニセコ町ではどのような問題が生じているかな？ ・ニセコ町の位置を地図	・先生は以前ニセコ町を訪れ，楽しい時間を過ごした。他のスキーリゾートにも行ってみたいと考えていることが分かった。 〈ニセコ町でも，オーバーツーリズム（混雑，交通渋滞，ごみ問題，地価や家賃，物価の上昇）の問題が懸念されている。〉 〈ニセコ町の位置〉

		帳で確認しよう。 ・ニセコ町の問題について新聞記事で調べよう。	・日本経済新聞2024年３月14日で確認。交通渋滞の写真を見る。
[第３時]		B-2 オーストラリアからの観光客に人気の場所はどこかな？	・日本政府観光局（2023）『JNTO訪日旅行データハンドブック』『豪州市場外国旅行の動向』で確認。 ・東京，京都などゴールデンルートに泊まる人が多いね。 ・ゴールデンルート以外では北海道も多いよ。
恒常的社会的論争問題		ALTの先生（オーストラリア出身）に日本のおすすめスキーリゾート地と観光プランを提案しよう！	
解決方法の予備的思考		・ニセコ町の他にスキーリゾートとしてふさわしい場所とそこでの過ごし方（図と文章）をエマ先生に提案してみよう。 ・ルーブリックを確認しよう。	・スキーができて，東京に近いところがいい。 ・オーバーツーリズムにならないように，オーストラリア人があまり訪れていないスキー場がいいかも。 〈解決策シート（１回め）に記入〉 ・学習のゴールがわかった。

第２次

第４時の目標：ニセコ町はどのような自然条件をもつ場所なのか調べる。

第５時の目標：ニセコ町は自然条件を生かして，どのようなくらしや産業が営まれているのか調べる。

第６時の目標：観光客はニセコ町でどのような観光をして楽しんでいるのか調べる。

第７時の目標：スキー場がどのような地域にあるのか調べる。

第８時の目標：日本の国土に見られる様々な地形を調べる。

第9時の目標：日本の地形にはどのような特色があるのか調べる。
第10時の目標：日本の気候には場所によってどのような違いがあるか調べる。
第11時の目標：なぜ，日本海側で多くの雪が降るのか調べる。
第12時の目標：嬬恋村を事例に，スキー場がある地域は自然の特色を生かしてどのようなくらしや産業が営まれているか調べる。
第13時の目標：ニセコ町や嬬恋村以外に，山がちで冬にたくさん雪が降る地域では，自然を生かしてどのようなくらしや産業が営まれているのか調べる。

学習活動	主な問い・指示	児童の反応・〈知識〉
[第4時] 必要な知識や概念の確認・選択	・プロジェクトを考えるためには何を知っていないといけないかな？	・ニセコ町はなぜオーストラリア人に人気なのか。 ・ニセコ町はどのような場所なのか。 ・ニセコ町と同じようなところは他にないのか。 ・スキー場はどのような場所にできるのかな。
知識や概念の獲得 資料の読解 ニセコ町の地域的特色	・ニセコ町の位置を地図帳で調べよう。 C-1 ニセコ町は，どのような自然が見られる地域なのかな？ ニセコ町の風景写真を読み取ろう。 ・ニセコ町の気温の変化を調べよう。どんな特徴があるかな？	〈北海道西部，札幌市から南西に60kmに位置する。〉 ・自然が多いまち。富士山みたいな山が見える。建物は一部のみ広がっている。 〈ニセコ町は羊蹄山やニセコアンヌプリなどの山々に囲まれた丘陵盆地にある。〉 〈平均気温は6.3度。冬の最深積雪は200cmに達する。夏でも比較的涼しい。〉
[第5時] 資料の読解 ニセコ町の地域的特色	・ニセコ町はどのような土地の使われ方がされているかな？	・ニセコ町周辺の航空写真や土地利用図などで確認。 ・森や畑が多いね。建物は少ない。 ・スキー場があるね。

		C-2 ニセコ町は，自然条件を生かして，どのような生活や産業が営まれているのかな？資料から読み取ろう。	・札幌市デジタルアーカイブズ資料「観光の町〜ニセコ町」で確認。 ・北海道の平均と比べて，農業と飲食業・宿泊業，観光業に携わる人口の割合が高いよ。 ・豆類，水稲，じゃがいも，小麦，野菜，乳製品の栽培がさかんだね。
[第6時] 資料の読解 ニセコ町の地域的特色		C-3 観光客はニセコ町でどのようなことをして観光を楽しんでいるのかな？ ・外国人観光客向けのプロモーションビデオやパンフレットを見てみよう。	・大自然に恵まれたリゾート地だ。 ・スキーをはじめ，登山，カヌー，ラフティング，乗馬，自転車，スキー，キャンプ，バーベキューなどができるね。温泉があるよ。 ・平均10日間ほど滞在し，宿泊施設で自宅に住むように過ごす人が多い。 ・スキー以外のアクティビティも楽しんでいるね。
		・なぜ，ニセコ町は，オーストラリアからの観光客に人気なのかな？資料から調べよう。	〈欧米に比べて比較的近い。時差がほとんどない。物価が安い。ニーズに応じた宿泊施設がある。世界有数のパウダースノーが見られる。スキー以外のアクティビティ（自然体験，温泉，和食や日本文化体験）も充実している。〉
[第7時] 資料の読解 スキー場の立地		・そもそもスキー場はどのような地域にあるのかな？ ・スキー場の分布図を読み取ろう。 ・なぜ，スキー場がこのように分布しているの	・雪が降るところかな。 ・山があるところかな。 〈スキー場は，北海道，中央日本北部に集中している。〉 ・山地が広がり降雪量が多い地域，冬に気温が低い地域に多い。

	かな？ 地図帳を使って考えよう。 ・スキーリゾートに必要な場所の条件は何かな？	・温泉があるところとも重なるね。 ・高速道路に近くて車で行きやすいところにも多いよ。 〈スキーリゾートは，山がちで気温が低く雪が多く降る地域，温泉などスキー以外の観光施設が近くにあり，大都市からの交通の便がよい地域に立地する。〉
[第8時] 資料の読解 国土の地形	・前時の学習を生かしてスキーリゾートに適した場所を探そう。 D-1 （日本の）国土の地形や気候の特色を踏まえると，スキーリゾートの候補地はどこかな？ ・日本の国土にはどのような地形が見られるかな。衛星写真を見てみよう。	・ニセコ町の他にスキーリゾートに適した場所はあるかな。 ・スキーリゾートに適した場所を地形や気候を手がかりに考えよう。まずは地形から考えよう。 〈日本には，山地や山脈，火山，平野，川や湖，島や半島，砂浜など様々な地形が見られる。〉
[第9時] 資料の読解 国土の地形	・山地や平地，河川がどのように広がっているかな？ ・日本の地形はどのような特色があるかな。 ・外国の川と比べよう。 ・地形の様子から見ると，スキーリゾートに適した場所はどこかな。	・山脈が日本の中心に背骨のように連なっている。 ・中部地方に山脈が多い。他の地方にも見られるね。 ・平野が広がっている。そこを短くて急な川が流れている。 ・高い山脈が集まっているところがいいね。 ・平野にはスキー場はできないね。 ・四国地方や近畿地方もいいかも。

[第10時] 資料の読解 国土の気候	・日本の国土には場所によってどのような気候の違いがあるのかな？桜の開花前線をもとに調べよう。 ・同じ３月の日本各地の気候を調べよう。 ・日本の気候はどのような特色があるかな？	・スキーリゾートに適した場所を気候を手がかりに探そう。 ・桜が咲き始めるのが南と北で２ヶ月も違うよ。 ・高い土地が広がる地域，緯度が高い地域は開花時期が遅いね。 ・同じ３月でも場所によって気候が違うな。 〈日本の気候は緯度の差異，季節風の影響，標高や山地の影響により異なる。〉	
[第11時] 資料の読解 国土の気候	・雪がたくさん降るところはどこか探そう。 ・なぜ日本海側で多くの雪が降るのかな。 ・気候の様子からみると，スキーリゾートに適したところはどこかな？	・日本海側で冬にたくさん降るね。 〈北西の季節風と暖流，脊梁山脈により，冬に日本海側に大雪をもたらす。〉 ・山地があっても，スキーに不向きなところがあるね。 ・北関東と中部地方の境界あたりがいいかもしれない。 ・雪が長期間，たくさん降るところがいいね。	
[第12時] 資料の読解 高い土地や寒い土地のくらし	D-2 スキー場が立地する地域は自然条件に応じて，どのようなくらしや産業が営まれているのかな？ 嬬恋村を例に調べよう。 ・嬬恋村はどのような特徴がある地域かな？	・スキー以外にも楽しめることを探そう。 ・標高の高い土地や寒い土地だからこそ楽しめる観光体験や特産品はあるのかな。 ・畑がたくさん広がっているね。 ・なだらかな斜面が広がっている。	

		・風景写真を読み取ろう。 ・どのような土地の使われ方がされているかな。土地利用図を読み取ろう。 ・嬬恋村ではなぜキャベツ作りがさかんになったのかな？ ・高原の自然や気候を生かしてどのような観光がさかんかな？	・高い山が見えるよ。火山がある。 ・キャベツ畑や白菜畑が広がっているね。やや高いところには，別荘地や牧場もあるよ。 〈夏でも涼しい気候を生かしてキャベツなどの高原野菜の栽培が盛ん。〉 ・スケートの授業や大会，キャベツを使った給食，ハイキング，マラソン，自転車レース，スキーなどの観光が行われているんだね。
[第13時] 資料の読解 高い土地や寒い土地のくらし		・ニセコ町や嬬恋村以外の，標高が高くて山がちで冬にたくさん雪が降る地域では，自然を生かしてどのようなくらしや産業が行われているのかな。地図帳やインターネットで調べよう。 ・再度解決策を考えて，シートに記入してみよう。	・ニセコ町と似ているところがあるよ。 ・自然条件に応じていろいろな特産品を作っているね。 ・温泉や登山など観光ができる場所や景勝地・名所がある。 ・スキーリゾートに適した場所がありそうだな。 ・妙高市，南会津町，蔵王町，原村，奥出雲町，八幡平市などを提示。 〈解決策シート（2回め）に記入〉 ・獲得した知識は十分かな？

第3次

第14時の目標：グループで解決策をブラッシュアップし，提案する。
第15時の目標：お互いの解決策をどのように展示するか提案する。

学習活動	主な問い・指示	児童の反応・〈知識〉
[第14時] 協調的問題解決 学習内容・方法の省察と新しい問題発見	・4人のグループを作り，解決策をブラッシュアップしよう。 ・再度，解決策シート（3回め）に記入して自己評価，相互評価する。 ・新しい視点で考える。	・スキー場がある場所の条件は，山がちなところ，冬に雪がたくさん降るところだから，東北地方の山地がいいかも。 ・太平洋側はあまり雪が降らないと思うよ。 ・スキーだけでなくて，温泉がある場所だといいね。 ・おいしい特産品があるところも考えよう。 ・国立公園やジオパークにも近いからスキー以外の活動もできるよ。 ・交通の便のよさも重要。東京から行きやすいところがいいかも。 ・オーバーツーリズムにならないように，あまり有名ではないところがいいかも。
[第15時]	・ルーブリックで，このプロジェクトで伝えたいことを再確認しよう。 ・プロジェクトの成果を分かりやすく発信するためにはどうすればいいかな？	・エマ先生に，私たちが選んだスキーリゾート地のよさと観光プランを分かりやすく紹介したいな。 ・自分たちの考えがこれでいいか，もう一度確認しよう。 ・エマ先生に見てもらいやすいように，教員室近くの掲示板にシートを貼ろう。 ・みんなの選んだ場所がひと目で分かるように，大きな白地図にまとめて掲示するのもよいかも。 ・エマ先生に自分たちのおすすめを直接お伝えするのもいいね。

解決策シート　　（　）組（　）番　名前（　　　　　　　）

エマ先生へ

わたしたちが考えた日本のおすすめスキーリゾート地
（地名記入）
（日本全域の白地図） ※国際空港からのルート，交通手段，所要時間を記入する。 ※周辺の主な地名や主な山地・山脈，川などの地形名も記入する。
（　　　　）のよいところ
※地形条件，気候条件，交通条件などに関連づけて記述する。 ※降雪地帯や高地の自然条件を生かしたくらし，文化，特産品，産業について記述する。
おすすめのお楽しみプラン
※前項を踏まえて，具体的な観光活動の内容を記述する。

プロジェクトの評価

　スキーリゾート地としてのニセコ町の地域的特色を出発点として，日本全国の地形や気候などの自然条件，およびそれを生かした土地のくらしや産業を分析し，ニセコ町に替わりうるスキーリゾートの最適地と観光プランを探究する学習を行いました。プロジェクトの解決策を検討する際に児童に働かせてほしい知識や概念は，①外国人観光客のまなざしや観光の行動特性，②自然条件や社会条件からとらえたスキー場の立地条件，③標高が高く降雪量の多い土地のくらしや産業の特色，の3点です。児童は授業内容や自学により獲得した知識（特定の観光地が成立するための立地条件やある主体によるまなざし）を生かして，以下のような解決策を提案するでしょう。

★解決策シート

わたしたちが考えた日本のおすすめスキーリゾート地
福井県勝山市経ヶ岳周辺
白地図…（略）
福井県勝山市経ヶ岳周辺のよいところ
ここは福井県の高原地帯です。1000m級の山々が連なり，冬にたくさんの雪が積もります。鉄道や高速道路が整備されているので，大阪から3時間，名古屋から2時間で行くことができます。ゴールデンルートのオプションツアー先としてもおすすめです。九頭竜川が流れる大野盆地とその周りの山々を眺めながらスキーができます。スキー以外のアクティビティも充実しています。特に，星空観察がおすすめです。日本一星空がきれいな場所にも選ばれたことがあるからです。高原では牧場や畑が広がり，涼しい気候を利用して作られた新鮮な高原野菜やおいしい乳製品を味わえます。少し足をのばすと永平寺や勝山城などの史跡があるので，日本の歴史や文化に触れたい方にもぴったりです。
おすすめのお楽しみプラン（2泊3日の場合）
1日め：名古屋から到着，地元食材を使ったおいしい和食を味わう→スキー→温泉に入る。星空を見る。 2日め：午前・スキー→午後・雪原ハイキング→温泉に入る。地元食材や北陸の海の幸を取り入れたイタリアンを味わう。 3日め：午前・スキー→勝山城や永平寺を見学。歴史に触れる。京都へ移動。

Chapter3

「わたしたちの生活と食料生産」の授業デザイン

わたしたちの生活と食料生産

01 [くらしを支える食料生産]

気候変動に対応しつつ，長野県下伊那郡でリンゴ農園を経営しよう！どんな品種をどれだけ植える？

[吉水裕也]

リンゴ農家を経営しよう！どんな品種をどれだけ植える？

『農業生産における気候変動適応ガイド　りんご編』（農林水産省，2020）によると，リンゴへの高温による影響として日焼け果，着色不良・着色遅延，虫害の多発，凍霜害，発芽・開花期の前進などが報告されています。また，リンゴ栽培の適地は年平均気温が摂氏6～14度であり，2046～2055年頃には，関東地方内陸部，本州の日本海側などにリンゴ栽培に適さない高温地域が広がり，一方で道北や道東に栽培地が広がると予測されています。

では，リンゴ農家は具体的にどのような対策をとっているでしょうか。長野県では，2018年から高温条件でも着色良好な早生品種のシナノリップという対応新品種を出荷していたり，富山県ではリンゴの日焼け果対策として，わい化栽培圃場に細霧冷房装置を導入して経済的効果検証を行ったりしています。青森県津軽地方の中南地域では，2004年頃から早生種のリンゴをモモに改植する動きが始まったとのことです。モモはリンゴと栽培資材を共有できることや台風時期より早く収穫できたり，複数品種栽培で収穫期が分散できたりもします（農林水産省，2020）。

このような対応策をどのように組み合わせるのか，農家だけでなく，様々な人々が直接的間接的に考えるべきことだと思います。そこで，児童にリンゴ農園主になってもらい，どんな品種のリンゴをどれだけ植えるのがよいか考えてもらうプロジェクトを考えました。世界的な気候変動という実際の課題にどのように対応するのかを考えるプロジェクトです。児童が作成したリンゴ農園の図面とともに，地球温暖化に関するメッセージをキュレーションしたいものです。

> プロジェクト

　長野県下伊那郡にある「りんごの丘農園」では，何種類かのリンゴとモモ，ブルーベリー，サクランボなどを栽培し，販売しています。しかし，地球温暖化の影響で，リンゴの色づきが悪くなるなど，困ったことになっています。そこで，25年後の2050年にもりんご園が残るように，植えかえなどをしたいと考えています。いろいろ調べて，どのような品種をどれだけ植えるのがよいか考えてください。

単元目標&評価規準

・世界的な気候変動の現状と将来予測について理解する。
・日本の果樹栽培の特徴について理解する。
・日本の果樹栽培農家が直面する課題をどのように克服するか考える。
・解決策提案に向け必要な知識などを粘り強く獲得し，解決策を繰り返し修正しようとする。

知識・技能	思考・判断・表現	主体的に学習に取り組む態度
●生産物の種類や分布，生産量の変化，輸入など外国との関わりなどについて地図帳などの各種資料で調べて，必要な情報を集め，読み取り，食料生産の概要を理解している。 ●調べたことを白地図や文章などにまとめ，日本の食料生産は，自然条件を生かして営まれていることや，国民の食料を確保する重要な役割を果たしていることを理解している。	●身近な食料品の産地に着目して問いを見出している。 ●生産物の種類や分布，生産量の変化，自然条件との関わりなどを総合して，食料生産が国民生活に果たす役割を考え，適切に表現している。	●地域に応じた問題解決策提案に向け，粘り強く知識などを獲得したり，必要な知識などが十分なのかを確認したりしようとしている。

単元を貫く学習問題

気候変動に対応しつつ，長野県下伊那郡でリンゴ農園を経営しよう！
どんな品種をどれだけ植える？

ルーブリック

段階	プロジェクトに対して
3 十分満足	授業や自学で獲得した知識を活用し，果樹栽培農家の問題解決策をグループで協力して修正しつつ提案している。
2 概ね満足	授業で獲得した知識を活用し，果樹栽培農家の問題解決策をグループで協力して修正しつつ提案している。
1 要努力	一般的な果樹栽培農家の問題解決策に留まっていたり，グループで協力できなかったりした。

問いの構造図

説明的知識に対応する問い	分析的知識に対応する問い	主な記述的知識
気候変動に対応しつつ，長野県下伊那郡でリンゴ農園を経営しよう！どんな品種をどれだけ植える？ ⬇ C なぜ，長野県のリンゴ農家はいろいろな品種を植えなければならないのかな？ D なぜ，リンゴ以外の果樹を栽培するのかな？	A-1 将来，果物はバナナやパイナップルだけしか食べられなくなるって本当なのかな？ A-2 どんな被害が出ているのかな？ B-1 日本のどこでどんな果樹が栽培されているのかな？ B-2 長野県下伊那郡はどのような地域なのかな？ C-1 リンゴにはどのような品種があるのかな？ C-2 それぞれの品種はどのうに収穫しているのかな？ C-3 果樹栽培の温暖化対策にはどんな取組があるのかな？ D-1 リンゴ以外にどのような果樹を栽培しているのかな？ D-2 転作を考えるときにどのようなことを克服する必要があるのかな？	地球温暖化 着色不良，日焼け果，虫害 ミカンは温暖 リンゴは少雨冷涼 温暖化などによる栽培条件の変化 早生，中晩生，晩生 収穫期の分散 仕事の分散 対応品種の開発 モモ（栽培資材共有化，台風前収穫） リスクの分散

単元指導計画

	学習活動	指導上の留意点○と評価●
第1次(2)	A-1 将来，果物はバナナやパイナップルだけしか食べられなくなると言われている。 A-2 リンゴにどんな被害が出ているのか知る。	○新聞記事（朝日新聞2021年4月23日）や『農業生産における気候変動適応ガイドりんご編』（農林水産省，2020）で気候変動の現状と将来予測を概観させる。
	B-1 日本の果樹栽培地域の分布を確認する。 恒常的社会的論争問題：気候変動に対応しつつ，長野県下伊那郡でリンゴ農園を経営しよう！どんな品種をどれだけ植える？	○地図帳で確認する。
	B-2 下伊那郡の気候や産業を確認する。 解決方法の予備的思考：リンゴの品種紹介パンフレットを参考に解決策を考える。 ・ルーブリックを確認する。	●知識不足を認識しているか。【態】 ○ゴールを確認する。
第2次(3)	必要な知識や概念の確認・選択：世界的気候変動の現状と将来予測に対応した果樹栽培地問題解決のために有効な農園経営策を考える。 知識や概念の獲得：C-1 リンゴにはどのような品種があるのか再確認する。 C-2 収穫時期をずらしていることを知る。	●知識が十分か振り返っているか。【態】
	C-3 耐暑品種の開発，細霧冷房装置の設置などの対策がとられていることを知る。	●経営上の工夫を理解しているか。【知・技】
	D-1 資材が共有可能なモモへの改植などの対策がとられていることを知る。 D-2 持続可能な経営ができるように考える。	●知識を活用して解決策を考えているか。【態】
第3次(2)	協調的問題解決：気候変動に対応しつつ安定した農園経営が可能な問題解決策を提案する。 省察：リンゴ農園経営策を提案シートに記入して自己評価，相互評価する。	●気候変動に対応しつつ，持続可能な経営ができる方策を考えているか。【思・判・表】

授業展開

第1次

第1時の目標：気候変動の現状を踏まえて、リンゴにどのような被害が出ているのか知る。

第2時の目標：長野県下伊那郡でのリンゴ農園経営改善のための第1次提案を行う。

学習活動	主な問い・指示	児童の反応・〈知識〉
[第1時] 記事の読解	A-1 将来，果物はバナナやパイナップルだけしか食べられなくなるって本当なのかな？ A-2 リンゴにどんな被害が出ているのか知る。	・2060年には東北地方の平野でもリンゴ栽培ができなくなる。 ・温暖化している。〈地球温暖化〉 ・朝日新聞2021年4月23日の記事，『農業生産における気候変動適応ガイドりんご編』（農林水産省，2020) pp.2-5で確認。
[第2時]	B-1 日本のどこでどんな果樹が栽培されているのかな？	・教科書や地図帳を使って確認。〈ミカンとリンゴの栽培地〉
恒常的社会的論争問題	気候変動に対応しつつ，長野県下伊那郡でリンゴ農園を経営しよう！どんな品種をどれだけ植える？	
	B-2 長野県下伊那郡はどんな地域なのかな？ ・どんな種類のリンゴを知っている？ ・リンゴ農園が存続できなくなると困るね。	・位置，主な交通網，気候，気温の日較差，主な農産物を確認する。 ・ふじ，サンふじ。 ・わい化栽培，高密植栽培の様子。
解決方法の予備的思考	・「りんごの丘農園」の図面を見て，どうすればよいか解決策（図と文章）を提案してみよう。	・温暖化に強い品種をたくさん植えればよい。 〈解決策シート1に記入〉

第2次

第3時の目標：リンゴの品種と収穫時期について知る。
第4時の目標：温暖化にどのような対応を行っているのか知る。
第5時の目標：長野県下伊那郡でリンゴ農園経営が持続可能になるような第2次提案を行う。

学習活動	主な問い・指示	児童の反応・〈知識〉
[第3時] 必要な知識や概念の確認・選択 リンゴの品種	・プロジェクトを考えるためには何を知っていないといけない？ C-1 リンゴにはどのような品種があるのかな？ ・JA全農長野のHPで調べよう。 C-2 それぞれの品種はどのように収穫しているのかな？ ・リンゴ園のHPなどで調べよう。	・今のリンゴ農園の様子。 ・どんなリンゴの種類があるのか。 ・どんな温暖化対策があるのか。 〈ふじ，サンふじ，つがる，……〉 ・サンふじが多いね。 〈甘み，蜜が入ること，12月のお歳暮時期の贈答品として高い値段がつくため，農家にとっては主力品種。一方，収穫時期が遅いので，台風の心配がある。〉 ・収穫時期をずらしている。 ・1種類しか植えていないと，それがダメになったときに困る。 ・仕事も集中しない。 （さくらんぼ／ブルーベリー／モモ／シナノリップ／シナノドルチェ／シナノスイート／秋映／シナノゴールド／サンふじ／ピンクレディー の収穫時期表）
[第4時] 果樹栽培の温暖化対策	C-3 果樹栽培の温暖化対策にはどんな取組があるのかな？	・わい化栽培圃場に細霧冷房装置を導入している。お金がかかりそう。 ・高温条件でも着色良好なリンゴ早生品種シナノリップなどの〈対応

		品種を開発〉している。 ・p.16のリンゴの高温障害の適応策例を参照。
	・『農業生産における気候変動適応ガイドりんご編』（農林水産省，2020）を見てみよう。 [C] なぜ，長野県のリンゴ農家はいろいろな品種を植えなければならないのかな？	〈収穫の期間，リンゴ狩りなどの営業期間を長くできるように，そして，決まった労働力の範囲で経営できるように収穫時期をずらしている。また，リンゴの木の病気や虫害，台風など被害が大きくならないように，主力品種で，値段の高いサンふじを中心に様々な品種を植えている。〉
[第5時]	[D-1] リンゴ以外にどのような果樹を栽培しているのかな？ ・それらの共通点は何かな？ [D-2] 転作を考えるときにどのようなことを克服する必要があるのかな？ [D] なぜ，リンゴ以外の果樹を栽培するのかな？ ・再度解決策を考えて，シートに記入してみよう。	・サクランボやブルーベリー，モモも植えている。 ・リンゴと収穫時期がずれている。 〈台風シーズン前に収穫できる。〉 ・温暖化に対応している。 ・収穫時期が重ならない。 ・新たにお金が必要ないほうがよい。 〈バラ科だと手入れの方法が似ている。〉 〈温暖化に対応するためには，ある程度リンゴ栽培の割合を減らす必要がある。ナシ，モモのようにリンゴと連続して収穫できる果樹や，サクランボのように収穫時期が違う果樹が農園にあれば，収入も増える。〉 〈解決策シート2に記入〉 ・獲得した知識は十分かな？

第3次

第6時の目標：グループで解決策をブラッシュアップし，提案する。
第7時の目標：お互いの解決策をどのように展示するか提案する。

学習活動	主な問い・指示	児童の反応・〈知識〉
[第6時] 協調的問題解決 学習内容・方法の省察と新しい問題発見	・4人のグループを作り，解決策をブラッシュアップしよう。 ・解決策シート3に記入して，自己評価，相互評価する。 ・新しい視点で考える。	・温暖化対策には，リンゴの割合を減らすことが効果的。温暖化に対応できるナシやモモに植え替える。 ・どのリンゴを減らすか考えると，難しい。台風の被害を減らすためには，サンふじを少し減らして，7月終わりから8月はじめに収穫できるシナノリップという温暖化対応品種を植えるとよい。 ・収穫時期を長くするため，「りんごの丘農園」では，すでにサクランボやブルーベリーを植えているね。 ・ピンクレディーは12月に収穫し，スマートフレッシュ加工すると5月まで鮮度が保てるので，1年を通して収入が得やすくなるね。
[第7時]	・ルーブリックで，このプロジェクトで伝えたいことを再確認しよう。 ・プロジェクトの成果をどのように発信すればよい？	・温暖化の現状を伝えることと，そのための果樹園の配置図を組み合わせて展示したい。

解決策シート1 （　）組（　）番　なまえ（　　　　　　）

長野県下伊那郡にある「りんごの丘農園」では，何種類かのリンゴとモモ，ブルーベリー，サクランボなどを栽培し，販売しています。しかし，地球温暖化の影響で，リンゴの色づきが悪くなるなど，困ったことになっています。そこで，25年後の2050年にもリンゴ園が残るように，植えかえなどをしたいと考えています。いろいろ調べて，どのような品種をどれだけ植えるのがよいか考えてください。

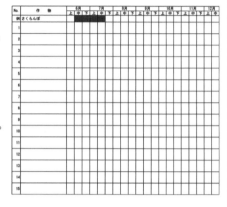

学校で学習したこと以外にも自分で調べて提案してみよう。

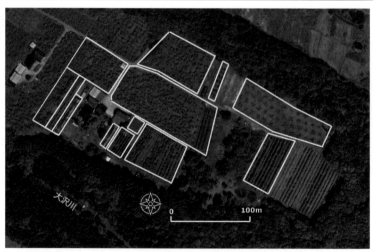

白く囲ったところが，「りんごの丘農園」でいま果樹を植えているところだよ。

プロジェクトの評価

　温暖化による高温でも品質の低下が起きにくい技術，品種・品目の開発・導入が果樹栽培でも進められています。今後温暖化が進行することを考えると，研究や栽培の現場での取組を通じて，影響の将来予測や適応技術の効果などの情報を活用し，産地として持続的に生産活動が行えるよう，気候変動リスクを可能な限り回避・軽減するリスクマネジメントの取組が重要です。
　児童は授業内容や自学により，次のような解決策を提案するでしょう。
★解決策：サンふじは，お歳暮シーズンに出荷できること，蜜入りになるとなおさら高い値段がつきやすいことから，依然として主力商品です。しかし，台風シーズンを超えなければ収穫できないこと，収穫期に一度にたくさんの人手が必要なこと，病気や害虫，そして，温暖化の影響を受けやすいことから，サンふじの割合を少し減らして，他の品種に植え替えるのがよいです。植え替えるのは台風シーズン前に収穫できて，温暖化に対応できるモモやナシ，サクランボなどです。「りんごの丘農園」ではそのほとんどに対応していますが，今後はサンふじの一部をナシに植えかえることが考えられます。

※この実践をつくるために，長野県下伊那郡松川町の「りんごの丘農園」様には，貴重な情報を提供していただきました。この場をお借りして，御礼申し上げます。

わたしたちの生活と食料生産

02　　　［米づくりを中心とした食料生産］

未来の米づくりサミットを開催しよう！
―2045年の日本の米づくりを描こう！―

［吉川修史］

未来の米づくりサミットを開催しよう！

　米づくりは、縄文時代の終期に日本に伝わり、弥生時代になると稲作定住の生活が広がりました。人々は、水路や畔、ため池などを協働して造ったり、管理したりしてきました。米は、①たくさん収穫でき長く保存できる、②良質のたんぱく質がたくさん含まれている、③様々な栄養をバランスよく摂ることができる、というよさがあります。米は、給料やお金の代わりに利用されるほど貴重なものでした。品種改良が進められ、今では日本各地の気候や風土に合った米づくりが行われています。また、米は人々との生活や文化とも密接につながってきました。藁は、家の屋根や畳、縄、家畜のえさなどに利用され、正月のしめ飾りも藁で作られました。豊作を祈願する祭りも行われてきました。そして、米を育む田は日本の風景をもつくってきました。

　しかし現在、日本で生活する人と米との関係が大きく変化しています。米の生産量と消費量がともに減少しています。一人当たりの年間消費量に注目すると、1962年度は118.3kgだったのが、2022年度は50.9kgと半分以下となっています（農林水産省HP）。米農家に目を向けてみると、高齢化や耕作放棄地の増加、長時間重労働など多くの問題が見られます。また、米よりもパンを好む人も多くいます。そこで、シンギュラリティ（技術的特異点）が到来すると言われる2045年の米づくりの姿を描くというプロジェクトを設定しました。現在の米づくりを取り巻く問題やスマート農業に見られる新しい技術の活用、自然農法、日本の文化との関わりなどを総合して未来像を描き、意見を交流します。未来社会を生きる児童たちが、「未来の米づくりサミット」でどのような米づくりの未来を語るのか楽しみです。

> プロジェクト

　現在，日本では米の生産量と消費量が減少しています。高齢化や耕作放棄地の増加，長時間重労働など日本の米づくりは多くの問題を抱えています。一方で，スマート農業と言われる新しい技術を活用した農業や，農薬や化学肥料に頼らない自然農法も生まれています。そこで，未来の米づくりについて考えるサミットを開催します。2045年の日本の米づくりをどのようにすればよいかを考え，未来図を描くとともに解説文を作成してください。

単元目標＆評価規準

・農家の高齢化や耕作放棄地の増加，長時間重労働など，日本の米づくりが抱える問題について理解する。
・日本の米づくりの特徴や人々の生活・文化と米とのつながり，スマート農業など新しい技術を活用した米づくり，自然農法の特徴について理解する。
・現在の日本の米づくりが抱える問題を踏まえ，2045年の日本の米づくりをどのようにすればよいかを考え，表現する。
・2045年の日本の米づくりを提案するために粘り強く知識を獲得するとともに，友達の意見を踏まえてよりよい提案に修正・改善しようとする。

知識・技能	思考・判断・表現	主体的に学習に取り組む態度
●農家の高齢化や耕作放棄地の増加など，日本の米づくりが抱える問題を理解している。 ●日本の米づくりの特徴や人々の生活・文化と米とのつながりを理解している。 ●ロボット農機など新しい技術を活用した米づくりや自然農法の特徴を理解している。	●現在の日本の米づくりが抱える問題を踏まえ，2045年の日本の米づくりをどのようにすればよいかを考え，未来図や解説文に表現している。	●2045年の日本の米づくりの提案に向け，粘り強く知識を獲得したり，友達の意見を踏まえてよりよい提案に修正・改善しようとしたりしている。

単元を貫く学習問題

未来の米づくりサミットを開催しよう！
―2045年の日本の米づくりを描こう！―

ルーブリック

段階	プロジェクトに対して
3 十分満足	授業や自学で獲得した知識を活用し、2045年の日本の米づくりについてグループで未来図や解説文を作成し、提案するとともに、他のグループの意見を踏まえて修正・改善している。
2 概ね満足	授業や自学で獲得した知識を活用し、2045年の日本の米づくりについてグループで未来図や解説文を作成し、提案している。
1 要努力	2045年の日本の米づくりについてグループで未来図や解説文を作成し、提案することができていない。

問いの構造図

説明的知識に対応する問い	分析的知識に対応する問い	主な記述的知識
未来の米づくりサミットを開催しよう！ ―2045年の日本の米づくりを描こう！― ⬇ C なぜ、私たちはおいしい米を食べることができるのか？ D なぜ、ロボットやAIを使った米づくりや自然農法による米づくりが行われているのか？	A-1 日本で生活する人々にとって米とはどのようなものか？ A-2 米の生産量と消費量はどのように変化してきたのか？ B-1 日本の米づくりにはどのような問題があるのか？ B-2 2045年の日本はどのようになっているのか？ C-1 日本のどこでどのような品種の米をつくっているのか？ C-2 日本の米づくりはどのように変わってきたのか？ C-3 誰が、どのように米づくりに関わっているのか？ D-1 ロボットやAIを使った米づくりは、誰にとってどんなよさがあるのか？ D-2 自然農法は、誰にとってどんなよさがあるのか？	人々の生活・文化と米との関係 米の生産量と消費量の変化 高齢化、耕作放棄地の増加など 人口減少、シンギュラリティ 地形や気候に合った米づくり 耕地整理、機械化、時間短縮など 地域住民による溝普請、品種改良 作業の効率化、労働時間の短縮など 安全・安心な食 米のブランド化

単元指導計画

	学習活動	指導上の留意点○と評価●
第1次 (2)	A-1 日本で生活する人々と米の関係について調べる。 A-2 米の生産量と消費量の変化を読み取り，日本で生活する人の主食は何かについて考える。	○藁を活用したものや年中行事，田園風景などに関する資料を提示する。 ○米の生産量と消費量に関するグラフを提示する。
	B-1 日本の米づくりが抱える問題を認識する。 恒常的社会的論争問題：未来の米づくりサミットを開催しよう！―2045年の日本の米づくりを描こう！― B-2 予想される2045年の日本の社会像を資料から読み取る。 解決方法の予備的思考：教科書や資料集の情報や既有の知識をもとに解決策を考える。 ・ルーブリックを確認する。	○教科書や資料集，新聞記事などで調べさせる。 ○人口予想資料を提示するとともに，シンギュラリティについて説明する。 ●知識の不十分さを認識しているか。【態】 ○ゴールを確認する。
第2次 (5)	必要な知識や概念の確認・選択：日本の米づくりの現状と将来予測に対応した2045年の日本の米づくりの在り方を考える。 知識や概念の獲得：C-1 日本のどこでどのような品種がつくられているのかを調べる。	●どのような知識が必要かを考えているか。【態】 ●自然条件との関係を理解しているか。【知・技】 ●メリット・デメリットの両方から変化を理解しているか。【知・技】
	C-2 日本の米づくりがどのように変化してきたのかを調べる。	
	C-3 誰が，どのように米づくりに関わっているのかを調べる。	●住民などの関わりを理解しているか。【知・技】
	D-1 ロボットやAIを使った米づくりは，誰にとってどんなよさがあるのかを考える。 D-2 自然農法の長所や短所について調べる。	●スマート農業の特徴を理解しているか。【知・技】
第3次 (3)	協調的問題解決：2045年の日本の米づくりは，どのような姿になっているとよいかを考え，グループで未来図や解説文を作成する。 省察：学級で未来の米づくりサミットを開催し，米づくりの在り方について議論することを通して，提案についての自己評価，相互評価を行う。	●日本の米づくりが抱える問題や，人々の生活・文化と米との関係，スマート農業や自然農法の特徴などを踏まえて，未来の米づくりの在り方を提案することができているか。【思・判・表】

授業展開

第1次

第1時の目標：日本で生活する人々の生活・文化と米とは深いつながりが育まれてきたことを理解するとともに，米の生産量と消費量は減少していることを理解する。

第2時の目標：農家の高齢化や耕作放棄地の増加など現在の日本の米づくりに関わる問題を認識したうえで，2045年の米づくりの在り方についての第1次提案を行う。

学習活動	主な問い・指示	児童の反応・〈知識〉
[第1時] 日本の生活・文化と米	A-1 日本で生活する人々にとって米とはどのようなものか？	〈藁を家の屋根や畳などに使った。〉 〈田が日本の風景をつくっている。〉 〈祭りを行い，豊作を祈願した。〉 ・日本で生活する人々の生活や文化と米は深いつながりがあるな。
田の多面的機能	・田には，どのような役割があるのかな？	・「田んぼダム」というのぼりを見たことがあるな。 ・田には，いろいろな生き物がいるな。 〈水田は，地下水のかん養や洪水防止に役立っている。〉 〈植物を育てるので，二酸化炭素を吸収し，酸素を供給する役割がある。〉
米の生産量と消費量の変化	A-2 米の生産量と消費量はどのように変化してきたのか？	〈生産量と消費量ともに減少してきている。〉 ・どうして生産量と消費量は減少してきているのかな。
[第2時]	B-1 日本の米づくり	〈米農家の高齢化〉

	日本の米づくりが抱える問題	にはどのような問題があるのか？ ・教科書や資料集を使って調べよう。	〈農業人口の減少〉 〈耕作放棄地の増加〉 〈長時間重労働〉 ・日本の米づくりはたくさんの問題を抱えている。どうなるのかな。
恒常的社会的論争問題 2045年の日本社会	未来の米づくりサミットを開催しよう！ ―2045年の日本の米づくりを描こう！―		
		B-2 2045年の日本はどのようになっているのか？ ・人口の変化はどのように予測されているかな？	〈日本の人口は1億642万人になると予測されている。〉 〈2030年～2045年に全都道府県が人口減少社会となる。〉 ・日本の人口はこれからどんどん減少していく。農業人口も減っていくだろうな。
		・AI技術は社会にどのように広がっているかな？	〈2045年にAIが人間の知能を超えると言われている（シンギュラリティ）。〉 ・AIも米づくりに使われるようになるかな。
解決方法の予備的思考		・2045年の米づくりの在り方について，教科書や資料集の情報や知っていることをもとに，未来図や解説文を作成し，提案しよう。	・米の消費量は今より減りそうだから，生産量も減らしたほうがいい。 ・2045年も田の美しい景色が残っていたらいいな。 ・AI技術をもっと活用した米づくりができないかな。 〈未来図・解説文ワークシート1に記入〉

第2次

第3時の目標：日本各地で地形や気候などの自然条件に合った品種の米づくりが行われており，北海道や東北地方，新潟県の米の生産量が特に多いことを理解する。

第4時の目標：日本の米づくりは，耕地整理や用水路の整備，機械化により作業時間が大幅に短縮した一方で，農機具費や肥料代などの生産に関わる費用が増加したことを理解する。

第5時の目標：地域住民が溝普請を行い，水路を共同管理していることや研究者が品種改良を進めていることなど，米づくりに関わる人の果たす役割を理解する。

第6時の目標：ロボットやAIを使った米づくりは，農家の負担を軽減につながることを理解する。

第7時の目標：安全な米づくりと生き物がくらしやすい環境づくりの両方を目指す自然農法について理解するとともに，第7時までに獲得した知識を踏まえて，2045年の米づくりの在り方についての第2次提案を行う。

学習活動	主な問い・指示	児童の反応・〈知識〉
[第3時] 必要な知識や概念の確認・選択 日本各地の米づくり	・プロジェクトを考えるためには何を知っていないといけないかな？ C-1 日本のどこでどのような品種の米をつくっているのか？ ・農林水産省HPなどで調べよう。 ・米の生産量が多いのは	・現在，日本でどのようにおいしい米がつくられているか。 ・新しい米づくりにはどのようなものがあるか。 〈北海道では，ななつぼし，ゆめぴりかなどが生産されている。〉 〈兵庫県では，コシヒカリ，ヒノヒカリなどが生産されている。〉 〈沖縄県では，ひとめぼれ，ちゅらひかりなどが生産されている。〉 ・都道府県によってつくられている品種が違う。 ・全都道府県で米づくりが行われているな。 〈北海道や東北地方，新潟県の米の

		どこかな？	生産量が多い。〉
			・どうして北海道や東北地方，新潟県の米の生産量は多いのかな。
		・米づくりは，どのような場所が適しているのかな？	〈水が豊富で昼夜の気温差が大きいところ。〉
		・日本の米づくりには，どのような特徴があるかな？	・地形や気候などの自然条件に合わせた米づくりを行っている。
			〈耕地整理が行われ，機械が使いやすくなった。〉
[第4時] 日本の米づくりの変化		C-2 日本の米づくりはどのように変わってきたのか？	〈用水路や排水路が整備され，水の管理がしやすくなった。〉
		・教科書や資料集などで調べよう。	〈トラクターや田植え機，コンバインなどの機械を使うようになった。〉
			〈作業時間は減っている。〉
			〈米の生産に関わる費用は増加している。〉
		・日本の米づくりはどのように変化したかな？「～になった」という形で表現してみよう。	・効率的な米づくりになった。
			・体力的には楽になったけど，お金の負担は大きくなった。
[第5時] 米づくりに関わる人		C-3 誰が，どのように米づくりに関わっているのか？	
		・米づくりに関わっているのは農家だけかな？	・農協の人。
			・分からない。
		・なぜ，田をもっていない住民も参加して溝普請を行うのかな？	・溝（水路）をきれいにしないと水が流れなくなってしまう。
			・溝（水路）は地域の人みんなのものだから。
			・田でつくられた米は，日本各地や

		・誰がダムやため池の水を管理しているのかな？ ・農協の職員はどのような仕事をしているのかな？	海外の人にも食べられるから、溝（水路）を管理することは、日本や世界の食を守ることにもつながると思う。 〈地域の人々が溝（水路）などを共同管理している。〉 〈土地改良区の職員がダムやため池の水を管理している。〉 〈地域全体の米づくりの計画を立てる。〉 〈米づくりについての指導を行う。〉
日本でおいしい米を食べることができる理由	・農業試験場の研究員はどのような仕事をしているのかな？ C なぜ、私たちはおいしい米を食べることができるのか？	〈病気や害虫から稲を守る研究〉 〈味がよく育てやすい品種の研究〉 ・米づくりには、たくさんの人が関わっているんだな。 〈日本各地の地形や気候などの自然条件に合った品種が生み出されてきた。また、農家や地域住民、土地改良の職員、農協の職員、農業試験場の研究員など様々な人々が関わって米づくりが行われている。〉	
[第6時]	・スマート農業とは何かな？農林水産省HPなどで調べよう。	〈ロボットトラクターを取り入れることで、作業時間の短縮や1人で複数の作業が可能になる。〉 〈リモコン草刈り機を取り入れることで、急斜面での草刈りを遠隔で行うことができる。〉 〈水管理システムにより、水位や水温などを自動測定し、スマートフォンなどでいつでも確認できる。〉	

スマート農業	D-1 ロボットやAIを使った米づくりは、誰にとってどんなよさがあるのか？	・農家の人の負担が減る。 ・農家の人にとって、作業時間や費用などの情報が分かりやすくなるので、作業が効率的になる。 ・農業技術を伝えやすくなるので、いろいろな人が米づくりに参加しやすくなる。
	・「コウノトリ育む農法」とは何かな？兵庫県HPで調べよう。 ・具体的にどのような米づくりを行っているのかな？	〈安全な農産物と生き物を同時に育む農法〉 〈農薬を使わず、冬に田に水を張ることでコナギの発芽を抑える。〉 〈深水管理でヒエの増加を防ぐ。〉 〈化学肥料を使わず（減らし）、有機肥料を使い、生き物がくらしやすい環境をつくる。〉
[第7時] 自然農法	D-2 自然農法は、誰にとってどんなよさがあるのか？	・消費者は、高くても安全な米を安心して購入することができる。 ・農家は、米が高い値段で売れるので収入が増える。 ・いろいろな生物にとってくらしやすい環境がつくられる。
スマート農業と自然農法が行われている理由	D なぜ、ロボットやAIを使った米づくりや自然農法による米づくりが行われているのか？	〈作業の自動化や情報共有、データ活用により人手不足の解消や病害虫の予測などを目指している。また、自然農法は農薬や化学肥料を使用せず（減らし）、安全な米づくりと生き物が暮らしやすい環境づくりの両立を目指している。〉
	・再度2045年の日本の米づくりの在り方を考え	〈未来図・解説文ワークシート2に記入〉

| | て，未来図・解説文ワークシートに記入してみよう。 | ・もう少し，○○について調べてみよう。
・ワークシート１と意見が変わったな。意見が変わったのはどのような理由からかな。 |

第3次

第8時の目標：授業や自学で活用した知識を活用し，2045年の米づくりについてグループで未来図や解説文を作成する。

第9～10時の目標：米づくりサミットを開催し，グループで作成した未来図や解説文を提案する。

学習活動	主な問い・指示	児童の反応・〈知識〉
[第8時] 協調的問題解決	・3～4人のグループをつくり，各自が作成した未来図と解説文を交流しよう。 ・疑問に思ったことやもっと知りたいと思ったことは質問しよう。	・2045年は今よりもAIの技術が進んでいると思う。積極的にAIを取り入れていくべきだ。長時間重労働でなくなれば，米づくりに関わる人がもっと増えると思う。 ・地域住民のつながりを大切にした米づくりは今後も必要だと思う。米づくりのすべてを自動化することは難しいと思うので，地域住民が無理のない範囲で米づくりに関わる仕組みをつくる必要がある。 ・2045年以降も美しい日本の田園風景を残してほしい。AIの技術を上手く取り入れるとともに，自然農法を取り入れ，人や環境にやさしい米づくりを進めてほしい。日本中でコウノトリを見ることができるようにならないかな。

		・グループのメンバーからの未来図や解説文の説明を聞いて，どのような気づきがあるかな？	・私の未来図や解説文と○○さんの未来図や解説文は△△のところが似ているな。 ・私の未来図や解説文と●●さんの未来図や解説文は▲▲のところが違う意見だな。 ・□□さんの考えは，AIの技術と自然農法の両方を取り入れようとしているのがいいな。
		・米づくりサミットに向けて，グループで未来図と解説文を作成しよう。	・地域住民の関わり方については意見が分かれている。どうしよう。 ・未来図は絵で表現しようかな。それとも写真を使ったほうが分かりやすいかな。
[第9～10時] 学習内容・方法の省察と新しい問題発見		・米づくりサミットを開催しよう。各グループで作成した未来図と解説文を発表しよう。 ・2045年の日本の米づくりをどのようにすればよいか議論しよう。 ・これまでの学習の振り返りを書こう。 ・作成した未来図や解説文はどこに掲示するとよいかな？	・Aグループの意見は私たちのグループの意見に似ているな。 ・Bグループは米の生産量を減らして別の作物をつくるべきだといっている。どうしてかな？ ・CグループはAI技術の活用を主張しているけど，それで問題が全て解決するのかな？米づくりと自然環境との関係についてはどう考えているのかな？

日本の米づくり未来図・解説文ワークシート（例）

（　）組（　）番　名前（　　　　　　）

　　　　　未来の米づくりサミットを開催しよう！
　　　　　－2045年の日本の米づくりを描こう！－

　現在，日本では米の生産量と消費量が減少しています。農家の高齢化や耕作放棄地の増加，長時間重労働など日本の米づくりは多くの問題を抱えています。一方で，スマート農業と言われる新しい技術を活用した農業や農薬や化学肥料に頼らない自然農法も生まれています。そこで，未来の米づくりについて考えるサミットを開催します。2045年の日本の米づくりをどのようにすればよいかを考え，未来図を描くとともに解説文を作成してください。

未来図
（絵や図，写真，文章など，自分が説明しやすい方法で2045年の米づくりの在り方を表現しましょう。）

解説文（未来図についての解説文を書きましょう。）

プロジェクトの評価

　2045年の日本の米づくりを提案するに当たっては，農家の高齢化や耕作放棄地の増加，長時間重労働など日本の米づくりが抱える問題を踏まえ，スマート農業に見られるAI技術を活用した農業や，農薬や化学肥料に頼らない自然農法，田の多面的機能，日本で生活する人々の生活や文化と米とのつながりなどを総合して考えをつくることが大切です。児童は授業内容や自学により，次のような未来図や解説文を提案するでしょう。

未来図（例）　（※画用紙やタブレット端末などの活用も考えられます。）

解説文（例）

　2045年も美しい日本の田園風景が残っていたらいいなと思います。2045年は今よりも農業人口が減っていることが予想されるため，AI技術の活用により少ない人数でも米づくりを行えるようにする必要があります。草刈りもロボットで行えるようになっているといいなと思います。また，効率的な農業を目指すだけでなく，自然にやさしい農業も進めてほしいです。農薬や化学肥料をできるだけ減らしてほしいです。日本各地でコウノトリを見ることができたらいいなと思います。

［参考文献］
・小川真如（2022）『日本のコメ問題』中央公論新社
・生源寺眞一（2018）『新版　農業がわかると，社会のしくみが見えてくる　高校生からの食と農の経済学入門』家の光協会
・富山和子（2013）『お米は生きている』講談社
・野口　伸（監修）（2020）『図解でよくわかるスマート農業のきほん』誠文堂新光社

わたしたちの生活と食料生産

03 ［水産業を中心とした食料生産］

自然環境に負荷をかけない持続可能な漁業を目指し，和歌山県串本町でクロマグロの完全養殖に取り組もう！

［曽川剛志］

持続可能な漁業を目指し，クロマグロの完全養殖に取り組もう

　乱獲や気候変動による漁獲量の減少，漁業従事者の高齢化と後継者不足，日本の水産業は危機に瀕しています。農林水産省（2024）の「漁業・養殖業生産統計」によれば，日本の漁業の生産量は，1984年の1282万トンをピークに減少し続け，2023年には372万トンになりました。この状況がこのまま進めば，近い将来，日本産の魚介類が食卓に並ぶ機会はかなり少なくなる可能性があります。

　漁獲量の減少に対する対応策として，真っ先に頭に浮かぶのは「獲れないならば養殖で増やせばよい」という考えでしょう。しかしながら，養殖業にも看過できない課題があります。吉水（2024）は，2018年以降，クロマグロの養殖業では，天然種苗（天然に獲れた稚魚）を用いた養殖の割合が，人工種苗（人工ふ化によって育てられた稚魚）を用いた完全養殖の割合を上回ったことを例に，養殖業でも自然環境に負荷がかかっている課題を指摘しています。

　そこで本単元では，児童にクロマグロの養殖業者の立場になってもらい，環境に負荷のかからない完全養殖に取り組むプロジェクトを考えました。児童にとって身近な魚であるクロマグロを事例にすることで，日本の養殖業が抱える課題に気づき，持続可能な養殖業の実現には，養殖業者の努力だけでなく，我々消費者のマインドセットの変革，法整備を含めた日本社会全体での意識改革が必要であることなどをキュレーションしてほしいです。

> プロジェクト

　和歌山県串本町では，クロマグロの養殖を行っています。本来は，自然環境に負荷のかからない人工種苗を用いた完全養殖を行うことが理想的ですが，人工種苗は成魚まで育てることが難しいため，天然種苗を捕獲して，それを活け込む養殖の割合が高くなってきています。そこで持続可能な養殖業を目指し，クロマグロの完全養殖に取り組みます。養殖業者が安定的に完全養殖を行うためには，養殖業者，消費者，社会全体でどんな努力が必要なのか，様々な情報を入手し具体的に提案してください。

単元目標＆評価規準

・日本の水産業の現状と将来予測について理解する。
・日本の養殖業の特徴について理解する。
・日本の養殖業者が直面している課題をどのように克服するかを考える。
・解決策提案に向け必要な知識などを粘り強く獲得し，解決策を繰り返し修正しようとする。

知識・技能	思考・判断・表現	主体的に学習に取り組む態度
●日本の水産業の種類や分布，漁獲量の変化など現状と将来予測を各種資料で調べて，必要な情報を集め，読み取り，水産業の概要を理解している。 ●調べたことを白地図や文章などにまとめ，日本の水産業は，自然条件を生かし営まれていることや，国民の食料を確保する重要な役割を果たしていることを理解している。	●養殖業が抱える課題に着目して問いを見出している。 ●日本の水産業の種類や分布，漁獲量の変化など現状と将来予測を総合して，養殖業が抱える課題に対する解決策を考え，適切に表現している。	●養殖業が抱える課題に対する解決策提案に向け，粘り強く知識などを獲得したり，必要な知識などが十分なのかを確認したりしようとしている。

単元を貫く学習問題

自然環境に負荷をかけない持続可能な漁業を目指し，和歌山県串本町でクロマグロの完全養殖に取り組もう！

ルーブリック

段階	プロジェクトに対して
3 十分満足	授業や自学で獲得した知識を活用し，養殖業の抱える問題に対する多面的な解決策をグループで協力して提案している。
2 概ね満足	授業で獲得した知識を活用し，養殖業の抱える問題に対する多面的な解決策をグループで協力して提案している。
1 要努力	養殖業の抱える問題に対して，解決策が一般的であったり，グループで協力できなかったりした。

問いの構造図

説明的知識に対応する問い	分析的知識に対応する問い	主な記述的知識
自然環境に負荷をかけない持続可能な漁業を目指し，和歌山県串本町でクロマグロの完全養殖に取り組もう！	A-1 近い将来，日本産のクロマグロが食べられなくなるって，本当なのかな？	地球温暖化 環境の変化
	A-2 日本の漁獲量はどれくらい減ってきているのだろう？	漁獲量の減少
	B-1 日本のどこでどんな魚が養殖されているのかな？	マグロ養殖は温暖な沿岸地域
	B-2 和歌山県串本町はどのような地域なのかな？	クロマグロの完全養殖研究地
C クロマグロの養殖業者は，なぜ人工種苗ではなく天然種苗を用いて養殖を行うのだろう？	C-1 クロマグロは，どのように完全養殖されているのだろう？	自然に負荷をかけない養殖
	C-2 養殖業者の多くは，なぜ人工種苗ではなく，天然種苗を用いて養殖を行うのだろう？	人工種苗と天然種苗 自然に負荷のかかる養殖
D 完全養殖を安定的に行うために，どのような努力が必要なのかな？養殖業者，消費者，社会全体という視点で考えよう。	D-1 欧米では，天然資源を守るためにどのような努力，考え方をしているだろう？	欧米と日本の環境保護に対する認識の違い
	D-2 完全養殖を安定的に行うために養殖業者，消費者，社会全体でどんな努力が必要？	社会全体での努力

単元指導計画

	学習活動	指導上の留意点○と評価●
第1次(2)	A-1 近い将来，日本産のクロマグロが食べられなくなる可能性がある。 A-2 日本の水産業の漁獲量が，どれくらい減少してきているのかを知る。	○『漁業・養殖業生産統計』（農林水産省，2024）で日本の水産業の現状と将来予測を概観させる。
	B-1 日本の養殖業の地域分布を確認する。 恒常的社会的論争問題：自然環境に負荷をかけない持続可能な漁業を目指し，和歌山県串本町でクロマグロの完全養殖に取り組もう！	○地図帳で確認する。
	B-2 和歌山県串本町の気候や地形を確認する。 解決方法の予備的思考：マグロの完全養殖に関するパンフレットを参考に解決策を考える。 ・ルーブリックを確認する。	●知識不足を認識しているか。【態】 ○ゴールを確認する。
第2次(3)	必要な知識や概念の確認・選択：クロマグロの養殖業の現状と将来予測に対応した問題解決のために有効な養殖業の策を考える。 知識や概念の獲得：C-1 クロマグロは，どのように完全養殖されているのかを知る。 C-2 養殖業者の多くが，人工種苗ではなく，天然種苗を用いて養殖を行う理由を知る。	●知識が十分か振り返っているか。【態】 ●養殖業の現状を知り，課題を理解できているか。【知・技】
	D-1 欧米では，天然資源を守るために養殖業者と消費者がどんな考え方をしているかを知る。	●欧米と日本との考え方の違いに気づいているか。【知・技】
	D-2 日本で完全養殖を安定的に行うためには，養殖業者，消費者，社会全体でどんな努力が必要なのかを考える。	●知識を活用して解決策を考えているか。【態】
第3次(2)	協調的問題解決：完全養殖が安定的に行える問題解決策を，養殖業者，消費者，社会全体という3つの視点で考え，提案する。	●3つの視点で，持続可能な方策を考えているか。【思・判・表】
	省察：問題解決策を提案シートに記入して自己評価，相互評価する。	

授業展開

第1次

第1時の目標：乱獲や気候変動による漁獲量の減少，漁業従事者の高齢化と後継者不足，日本の水産業を取り巻く状況について知る。

第2時の目標：和歌山県串本町での自然環境に負荷をかけないクロマグロの養殖についての第1次提案を行う。

学習活動	主な問い・指示	児童の反応・〈知識〉
[第1時] 記事の読解	A-1 近い将来，日本産のクロマグロが食べられなくなる可能性があるって本当なのかな？ A-2 日本の水産業の漁獲量が，どれくらい減少してきているのかを知る。	・日本近海での漁獲量が減少してきている。 ・温暖化によって，日本近海の海水温が上がっている。〈地球温暖化〉 ・『令和5年漁業・養殖業生産統計』（農林水産省，2024）で確認。
[第2時] 恒常的社会的論争問題	B-1 日本の養殖業の地域分布を確認する。	・教科書や地図帳を使って確認。〈魚介類の養殖地〉
	自然環境に負荷をかけない持続可能な漁業を目指し，和歌山県串本町でクロマグロの完全養殖に取り組もう！	
	B-2 和歌山県串本町はどんな地域なのかな？ ・串本町では，どんな魚を養殖しているのかな？ ・串本町は，クロマグロの完全養殖に世界で初めて成功した場所なんだね。	・位置，主な交通網，気候，地形，海流，主な海産物を確認する。 ・串本黒潮本マグロ（クロマグロ），串本真鯛，しょらさん鰹。
解決方法の予備的思考	・自然環境に負荷をかけずに養殖するには，どうすればよいか解決策を提案してみよう。	・自然環境に負荷をかけずに養殖するためには，養殖業者は人工種苗を用いた完全養殖を行えばよい。〈解決策シートに記入〉（1回め）

第2次

第3時の目標：クロマグロの完全養殖に成功したにもかかわらず，養殖業者の多くが，人工種苗ではなく，天然種苗を用いて養殖を行う理由を知る。

第4時の目標：欧米では自然環境を守るために養殖業者と消費者がどんな考え方をしているかを知る。

第5時の目標：和歌山県串本町でクロマグロの完全養殖が持続可能になるような第2次提案を行う。

学習活動	主な問い・指示	児童の反応・〈知識〉
[第3時] 必要な知識や概念の確認・選択	・プロジェクトを考えるためには何を知っていないといけない？ C-1 クロマグロは，どのように完全養殖されているのだろう？ ・近畿大学水産研究所のHPで調べよう。 ・近大マグロはどうやって育つの？ 魚の養殖を学ぼう！（近畿大学水産研究所）の動画で調べよう。 C-2 養殖業者の多くは，なぜ人工種苗ではなく，天然種苗を用いて養殖を行うのだろう？ ・日経BPミライコトハジメ『なぜ「近大マグロ」の実績が減ったのか 完全養殖技術が拓く魚食産業の未来（前編）』（日本経済新聞，2023）のHPなどで調べよう。	・まずは，クロマグロの完全養殖について詳しく知ろう。 ・近畿大学水産研究所のクロマグロの養殖場の様子。 ・受精卵を採取することが難しいね。 ・クロマグロを稚魚まで育てることは，かなり難しいね。稚魚の生存率は30日で10％未満。 ・大きく育てるためには，配合飼料を与えているんだね。 ・クロマグロの完全養殖は他の魚と比べて，とても難しいんだね。 ・クロマグロの完全養殖は，技術的には可能なはずなのに，なぜ広まらないのかな。 ・国内で養殖されるクロマグロのうち，人工種苗の比率は10％ほどなんだ。 ・天然種苗に比べて，人工種苗は死亡率が高いこと，また体の変形や奇形が起こりやすいことから，養殖業者は天然種苗を用いて養殖を行いたい。

	・日経BPミライコトハジメ『今後もおいしい魚を食べるために必要なこと　完全養殖技術が拓く魚食産業の未来（後編）』（日本経済新聞，2023）のHPなどで調べよう。 C　クロマグロの養殖業者は，なぜ人工種苗ではなく天然種苗を用いて養殖を行うのだろう？	・日本の消費者の多くは，「完全養殖で，おいしい高級魚が安く食べられる」と考えているけど，完全養殖を安定的に行えるようになるためには，ある程度コストがかかるんだ。つまり，環境保護を優先するためには，お金がかかることを理解しなければならないね。
[第4時]	D-1　欧米では，天然資源を守るためにどのような努力，考え方をしているだろう？ D-2　完全養殖を安定的に行うために，養殖業者，消費者，社会全体でどんな努力が必要かな？ D　完全養殖を安定的に行うために，どのような努力が必要なのかな？	・欧米では，「多少値段は高くても，天然資源に影響を与えない方法で生産された魚を食べたい」という人が増えている。 ・完全養殖を安定的に行うためには，養殖業者の利益優先から資源保護への転換，消費者の経済から資源保護への理解，法整備など，社会全体での意識改革が必要ではないだろうか。
[第5時]	・再度解決策を考えて，シートに記入してみよう。	〈解決策シートに記入〉（2回め） ・獲得した知識は十分かな？

```
第3次
```

第6時の目標：グループで解決策をブラッシュアップし，提案する。
第7時の目標：お互いの解決策をどのように展示するか提案する。

学習活動	主な問い・指示	児童の反応・〈知識〉

[第6時]
```協調的問題解決```
 	
```学習内容・方法の省察と新しい問題発見```
	・4人のグループを作り，解決策をブラッシュアップしよう。
	・解決策シートに記入して，自己評価，相互評価する。（3回め）
	・新しい視点で考える。
		・天然資源を守るためには，人工種苗を用いた完全養殖に切り替える必要がある。しかし，完全養殖を安定的に行うためには，お金と時間がかかる。つまり養殖業者の努力だけで課題を解決するのは難しい。
		・安定的な完全養殖の実現には，消費者の理解が必要になる。つまり，安くて良いものを欲しがるだけでなく，環境保護を第一に考え，多少の値上がりも覚悟のうえで，支援していく意識改革が必要だ。
		・養殖に関するルールも必要になる。例えば「クロマグロの養殖には人工種苗を〇％以上用いる」など。
		・クロマグロの養殖に見られるように，日本社会では経済を最優先し，環境保護が後回しにされている。社会全体で考え方をシフトしていく必要がある。

[第7時]	・ルーブリックで，このプロジェクトで伝えたいことを再確認しよう。 ・プロジェクトの成果をどのように発信すればよい？	・日本におけるクロマグロの養殖の現状を伝えることと，そのための提案を組み合わせて展示したい。

解決策シート　（　）組（　）番　なまえ（　　　　　　　　）

　和歌山県串本町では，クロマグロの養殖を行っています。本来は，自然環境に負荷のかからない人工種苗を用いた完全養殖を行うことが理想的ですが，人工種苗は成魚まで育てることが難しいため，天然種苗を捕獲して，それを活け込む養殖の割合が高くなってきています。そこで持続可能な養殖業を目指し，クロマグロの完全養殖に取り組みます。養殖業者が安定的に完全養殖を行うためには，養殖業者，消費者，社会全体でどんな努力が必要なのか，様々な情報を入手し具体的に提案してください。

　学校で学習したこと以外にも，自分で調べて提案してみましょう。

想定される児童の第一次提案例（第1次第2時）

　現在日本で養殖されるクロマグロの多くは，天然の海に生息する稚魚を獲り，それを養殖によって大きくする養殖が多くを占めます。和歌山県串本町にある近畿大学水産研究所では，2002年6月に，世界で初めてクロマグロの完全養殖に成功しました。完全養殖は，人工ふ化した仔魚を親魚まで育て，その親魚から採卵し，人工ふ化させて次の世代を生み出していく技術です。これにより，天然資源に頼らずに養殖することが可能になります。持続可能な養殖業にするためにも，天然資源に頼らない完全養殖を進めていくべきだと思います。

想定される児童の第二次提案例（第2次第5時）

　様々なページを調べてみると，クロマグロの完全養殖を進めるためには，養殖業者を社会全体で支援していくことが必要だということが分かりました。完全養殖の技術はあるのに，どうして完全養殖が広まらないのでしょう。その理由としては，完全養殖によって育てられた稚魚の生存率が30日で10%未満と非常に低いこと，また稚魚や幼魚の段階で，いけす網などにぶつかったりするために，体の奇形や変形の発生確率が高いこと，ここ数年，日本近海でクロマグロの幼魚が安定的に獲れていることが考えられます。この先，天然資源を守ることが必要です。そのためには，私たち消費者も，養殖業者が安定して完全養殖を行えるようになるまで，クロマグロの値段が一時的に高くなることを理解したうえで，養殖業者を支援していくことが必要だと思います。

想定される児童の第三次提案例（第3次第7時）

　次ページの下段★解決策を参照のこと。

プロジェクトの評価

　本単元では，児童にクロマグロの養殖業者の立場になってもらい，自然環境に負荷をかけない完全養殖に取り組むプロジェクトを考えました。

　そのプロジェクトを通して，日本の養殖業者の多くは，資源保護よりも利益を優先している課題があること，その裏には，資源保護をそれほど意識せずに，安くて良いものを欲しがる我々消費者がいること，さらに言えば，欧米に比べて資源保護に対する認識が未熟な日本社会全体の課題に気づいてほしいと考えました。そして課題の解決には，養殖業者の努力，我々消費者の意識改革，法整備を含めた日本社会全体での改革が必要であることに気づいてほしいと考えました。

　児童は，授業での学習や自学によって，次のような解決策を提案すると思われます。

★解決策：

　絶滅の可能性もあるクロマグロなどの天然資源を保護するためには，日本社会全体で危機的状況であることを理解したうえで，養殖業者，消費者，社会全体で環境保護を第一にした取組を進めることが必要だと思います。

　例えば，養殖業者は人工種苗を使った完全養殖に切り替えていく必要があります。現在は天然種苗が比較的手に入りやすいようですが，このまま天然種苗を使い続けていると，いずれはなくなってしまうことになるでしょう。

　一方，私たち消費者は安くてよいものをほしがるだけではなく，完全養殖が安定的に行えるまでの期間は，養殖業者を支援するためにクロマグロの値上がりを覚悟する必要があります。それができなければ，養殖業者はこれまで通りに天然資源を使い続けることになるでしょう。また，養殖業者が天然種苗を使うことを制限する法律も必要です。つまり，利益を最優先する考え方から環境保護を最優先にする考え方に，日本社会全体で切り替えるのです。将来に天然資源をつなぐために，一人ひとりが危機的状況であることを理解し，考え方を切り替えることが欠かせないと思います。

Chapter4

「わたしたちの生活と工業生産」の授業デザイン

わたしたちの生活と工業生産

01　[自動車工業を中心とした工業生産]
トヨタが世界一の自動車メーカーになるための戦略を提案しよう！

[佐藤克士]

トヨタが世界一の自動車メーカーになるためにはどんな戦略が有効か？

　日本の自動車産業は，製造品出荷額（56兆3679億円）からみても，就業者人口（554万人）からみても，経済全体を支える重要な基幹産業としての地位を占めています。その形態は自動車メーカーを頂点としたピラミッド構造となっており，乗用車の場合，鉄鋼をはじめ非鉄金属，プラスチック，ゴム，ガラス，繊維，塗料，電子部品など約2〜3万点の材料で構成され，それぞれ巨大な関連産業を抱えています。自動車産業をめぐる近年の動向に関して，『2023年版　日本の自動車工業』（日本自動車工業会，2023）によると，世界の自動車生産台数（8502万台）では，日本は中国や合衆国に次いで第3位（784万台）となっています。また，自動車メーカー別の生産台数ランキングでは，日本のトヨタ自動車（882万台）が，フォルクスワーゲン（ドイツ）やゼネラルモーターズ（合衆国）を抑えて世界第1位となっています。さらに，自動車メーカー別時価総額ランキングでは，トヨタ自動車（2,638億ドル）がテスラ（合衆国）に次いで世界第2位となっています。

　現在，自動車業界では，Connected，Autonomous，Shared & Service，Electric の頭文字を組み合わせて「CASE」にという言葉がトレンドワードになっており，この考え方に基づく技術革新によって自動車づくりに大変革が生じようとしています。特に，「E」の電動化についてはすでに市場ができあがっていることもあり，電動化への力の入れ具合が時価総額に大きく影響しています。このような状況を踏まえ，本プロジェクトではトヨタが世界一の自動車メーカーになるためには，今後どのような自動車を製造・販売していけばよいのかを考えてもらうプロジェクトを考えました。

> プロジェクト

　2022年時点で，日本のトヨタ自動車は，自動車メーカー別の生産台数ランキングでは世界第1位，時価総額ランキングでは合衆国のテスラ社に次いで世界第2位となっています。これらのポジションを維持または向上させるためには，今後，どのような自動車を製造・販売していけばよいのでしょうか。現在，自動車業界で注目されている「CASE」を踏まえながら，2030年に向けた戦略を提案してください。

単元目標＆評価規準

・世界的な自動車産業の現状と将来予測について理解する。
・日本の自動車産業の特徴について理解する。
・日本の自動車産業が直面する課題をどのように克服するか考え，表現する。
・戦略提案に向け，必要な知識などを粘り強く獲得し，戦略を繰り返し修正しようとする。

知識・技能	思考・判断・表現	主体的に学習に取り組む態度
●工業の種類，工業のさかんな地域の分布，工業製品の改良などについて地図帳などの各種資料で調べて，必要な情報を集め，読み取り，工業生産の概要を理解している。 ●調べたことを白地図や文などにまとめ，わが国の国土には工業の盛んな地域が広がっていること及び工業製品は国民生活の向上に重要な役割を果たしていることを理解している。	●自動車メーカー別の生産台数や時価総額ランキングから問いを見出している。 ●工業の種類，工業のさかんな地域の分布，工業製品の改良などに着目して，工業生産が国民生活に果たす役割を考え，適切に表現している。	●2030年に向けて，トヨタが世界一の自動車メーカーになるための戦略提案に向けて，粘り強く知識などを獲得したり，必要な知識などが十分なのかを確認したりしようとしている。

単元を貫く学習問題

トヨタが世界一の自動車メーカーになるための戦略を提案しよう！

ルーブリック

段階	プロジェクトに対して
3 十分満足	授業や自学で獲得した知識を活用し，トヨタが世界一になるための戦略についてグループで協力して修正しつつ提案している。
2 概ね満足	授業で獲得した知識を活用し，トヨタが世界一になるための戦略についてグループで協力して修正しつつ提案している。
1 要努力	トヨタが世界一になるための戦略について稚拙な考え方に留まっていたり，グループで協力できなかったりした。

問いの構造図

説明的知識に対応する問い	分析的知識に対応する問い	主な記述的知識
トヨタが世界一の自動車メーカーになるための戦略を提案しよう！	A-1 世界一の自動車メーカーは何という会社かな？ A-2 日本のトヨタ自動車とはどのような会社なのかな？	トヨタ生産方式，ジャスト・イン・タイム
	B-1 トヨタは，どのような地域・場所で自動車を生産しているのかな？ B-2 トヨタは，どのような場所でどのように自動車を作っているのかな？	自動車工場，立地，関連工場，現地生産，ハイブリッド車
C なぜ，テスラやトヨタでは，EVを作っているのかな？	C-1 時価総額ランキング世界第1位のテスラってどんな会社なのかな？ C-2 次世代自動車には，HVやEVの他にどのようなものがあるのかな？	電気自動車，地球温暖化，カーボンニュートラル プラグインハイブリッド車，燃料電池自動車
D なぜ，トヨタでは電気自動車よりガソリン車やハイブリッド車をたくさん生産しているのかな？	D-1 現在，どのような自動車づくりが求められているのかな？ D-2 トヨタでは「CASE」に対して，どのような取組をしているのかな？	「CASE」，コネクティッド，自動化，シェアリング，電動化，消費者ニーズ，インフラ整備

単元指導計画

	学習活動	指導上の留意点○と評価●
第1次 (3)	A-1 日本のトヨタ自動車は，2022年自動車生産台数では世界第1位。時価総額ランキングでは世界第2位であることを知る。 A-2 トヨタの自動車づくりの特徴について，HPや配布資料をもとに調べる。 恒常的社会的論争問題：トヨタが世界一の自動車メーカーになるための戦略を提案しよう！ B-1 トヨタの生産地域・場所を確認する。 B-2 トヨタの生産方法について配布資料や動画で確認する。 解決方法の予備的思考：HPやパンフレットを参考にトヨタが世界一の自動車メーカーになるための戦略を考える。 ・ルーブリックを確認する。	○2022年世界の自動車生産台数ランキングと時価総額ランキングをもとに自動車業界の現状を概観させる。 ○トヨタHPや資料集で確認する。 ●知識不足を認識しているか。【態】 ○ゴールを確認する。
第2次 (6)	必要な知識や概念の確認・選択：自動車業界の現状と将来予測に対応した販売戦略についてトヨタを事例に考える。 知識や概念の獲得：C-1 時価総額ランキング世界第1位のテスラ社の特徴について理解する。 C-2 EV・HV以外の次世代自動車の種類と特徴を理解する。 D-1 今，自動車業界で注目されている「CASE」について知る。 D-2 「CASE」に対するトヨタの取組について理解する。	●知識が十分か振り返っているか。【態】 ●経営上の工夫を理解しているか。【知・技】
第3次 (2)	協調的問題解決：「CASE」に対応しつつ世界一の自動車メーカーになるための戦略を提案する。 省察：トヨタが世界一の自動車メーカーになるための戦略を提案シートに記入して，自己評価，相互評価する。	●トヨタが世界一の自動車メーカーになるための戦略について「CASE」の視点を踏まえて考えているか。【思・判・表】

授業展開

第1次

第1時の目標：世界の自動車工業の現状を踏まえて，トヨタ自動車に興味・関心をもつ。

第2時の目標：トヨタ自動車の生産方法について理解する。

第3時の目標：トヨタ自動車が世界一の自動車メーカーになるための戦略について第1次提案を考える。

学習活動	主な問い・指示	児童の反応・〈知識〉
[第1時]	・(トヨタ，メルセデス，マツダ，ホンダなどのロゴを提示し)これらのマークの共通点は何でしょう？	・自動車をつくっている会社。 ・トヨタ，メルセデス，マツダ，ホンダ……。
資料の読解	A-1 世界には約50社の自動車メーカーがあるが，世界一は何という会社かな？ ・日本のトヨタが生産台数では世界一なんだね。 ・どうやってたくさんの自動車を生産しているのかな？	・2022年自動車メーカー別の生産台数ランキングでは，第1位：トヨタ，第2位：フォルクスワーゲン，第3位：ゼネラルモーターズ。同年の時価総額ランキングでは，第1位：テスラ，第2位：トヨタ，第3位：BYD。
資料の読解	・時価総額ランキングではテスラという会社が第1位なんだね。 ・テスラではどんな自動車を作っているのかな？ A-2 日本のトヨタ自動車とはどのような会社なのかな？	・時価総額とは，会社の価値や規模を表す指標。金額は会社を丸ごと買うのに必要な値段。 ・『図解即戦力 自動車業界のしくみとビジネスがこれ1冊でしっかりわかる教科書』（GB 自動車業

		・フォルクスワーゲン（ドイツ）と販売台数で首位争いする世界トップレベルの自動車メーカーなんだね。	界研究会，2024）pp.62-63を使って確認。 〈トヨタ生産方式，ジャスト・イン・タイム〉
恒常的社会的論争問題		トヨタが世界一の自動車メーカーになるための戦略を提案しよう！	
[第2時] 資料の読解	B-1 トヨタはどのような地域・場所で自動車を生産しているのだろうか？		・『2023年版　日本の自動車工業』（日本自動車工業会，2023）p.33やトヨタHPを使って確認。 〈海外生産に関しては，26の国と地域に50の製造拠点をもち，販売については170以上の国や地域で展開している〉 ・2010年以降，国内生産より海外生産に力を入れているんだね。 〈国内のトヨタの工場は，車両組み立て4拠点と部品やユニットを生産する7拠点は全て愛知県内にある（子会社，関連会社は除く）。〉
資料の読解	B-2 トヨタでは，どんな自動車をどのように作っているのかな？ ・愛知県豊田市にある堤工場を事例にみてみよう。		・堤工場は，部品を集めたり，完成した自動車を出荷したりするのに便利な伊勢湾岸自動車道や東名高速道路，名古屋港が近い場所に立地しているんだね。 ・堤工場では，面積は114万㎡の広さ（東京ドーム24個分），就業者数は約4600人で年間生産台数は約42万台の自動車が作られているんだね。主にプリウスやカムリなどのハイブリッド車を製造している

資料の読解	・実際の自動車づくりは，トヨタ自動車のHPにある動画で確認してみよう。 ・ハイブリッド車ってどんな自動車なのかな？ ・資料集や動画で確認してみよう。	んだね。 ・乗用車の場合，鉄鋼をはじめ非鉄金属，プラスチック，ゴム，ガラス，繊維，塗料，電子部品など約2～3万点の材料を組み合わせて作るんだね。 ・プレス→溶接→塗装→組み立て→検査の順で効率よく製造しているんだね（トヨタHP「バーチャル工場見学」視聴）。 <ハイブリッド車とは，ガソリンを燃料とするエンジンと電気を動力源とするモーターを組み合わせた自動車。外部から充電することはできず，エンジンや減速時のエネルギーを活用してバッテリーに充電する。現在，最も普及している次世代自動車〉
[第3時] 解決方法の予備的思考	・トヨタのHPやパンフレットを見て，世界一の自動車メーカーになるための戦略（図と文章）を提案してみよう。	・カッコイイ自動車をたくさん作ればよい。 ・地球にやさしい自動車をたくさん生産すればよい。 〈解決策シート1に記入〉

第2次

第4時の目標：時価総額ランキング世界第1位の自動車メーカーテスラ社の特徴について理解する。

第5時の目標：テスラ社やトヨタ自動車が電気自動車を生産している理由について理解する。

第6時の目標：次世代自動車の種類と特徴について理解する。

第7時の目標：今，自動車業界で注目されている「CASE」に対して，トヨタ自動

車が行っている取組について理解する。

第8時の目標：トヨタ自動車が電気自動車よりHV自動車やガソリン車をたくさん生産している理由を理解する。

第9時の目標：トヨタ自動車が世界一の自動車メーカーになるための第2次提案を行う。

学習活動	主な問い・指示	児童の反応・〈知識〉
[第4時] 必要な知識や概念の確認・選択 資料の読解	・プロジェクトを考えるためには何を知っていないといけない？ C-1 時価総額ランキング世界1位の自動車メーカーテスラってどんな会社なのかな。 ・インターネットや配布資料（『図解即戦力 自動車部品業界のしくみとビジネスがこれ1冊でしっかりわかる教科書』（矢野経済研究所，2023）pp.50-51. や『図解入門業界研究 最新自動車業界の動向としくみがよ～くわかる本』（黒川文子，2022，pp.10-11.）をもとに調べてよう。	・時価総額ランキング世界第1位のテスラってどのような会社なのか？ ・テスラとトヨタの違いは何か？ ・今後，世界一の自動車メーカーになるために求められる自動車の性能や装備とは？ ・X（旧Twitter）やスペースXを率いるイーロン・マスクが最高責任者を務める合衆国に本社を置く会社。 ・「世界の持続可能なエネルギーへの移行を加速させること」をミッションに掲げ，その実現のために高性能な電気自動車の開発・販売している会社。 ・販売は主に合衆国と中国で全体の約70％を占めている（2023年）。 ・モデル3というモデルで自動運転レベル4（システムによる監視下で場所や天候，速度などの特定の条件下で完全自動運転）を実現している。 ・2023年には中国のBYDという自動車メーカーがEV世界販売台数でテスラを抜いて世界第1位になった。

資料の読解		・電気自動車ってどんな自動車なのかな？ ・資料集や動画で確認してみよう。 ・トヨタでも電気自動車を作っているのかな。	〈電気自動車とは，バッテリーに充電された電力で走行する自動車。ガソリンエンジンを使用しないため，走行中にCO_2を排出しない。また，ガソリン車に比べると駆動音が小さいため非常に静かである。〉
[第5時]		C なぜ，テスラやトヨタでは，電気自動車を作っているのかな？ ・テスラの「モデルY」という自動車は2023年に世界で最も売れた自動車（121万台）なんだね。 ・これが時価総額ランキングと関係があるのかもね。	・トヨタでは「bZ４X」という電気自動車を製造・販売している（年間目標販売台数5000台）。 〈テスラもトヨタも電気自動車を作っているのは，二酸化炭素や大気汚染物質を排出しないため環境にやさしく，温暖化対策をはじめとする世界のエネルギー問題を解決する乗り物として世界的に期待されているからである。〉
資料の読解		C-2 次世代自動車には，ハイブリッド車や電気自動車の他にどのようなものがあるのかな？ ・資料集や動画で確認してみよう。	・『図解即戦力　自動車業界のしくみとビジネスがこれ１冊でしっかりわかる教科書』（GB自動車業界研究会，2024，pp.24-25，pp.38-43．） 〈プラグインハイブリッド車とは，外部から充電できるハイブリッド車のこと。外部電源を利用して満充電にすると，ガソリンの使用量を大幅に減らせることができる。また充電環境があれば，年間の二酸化炭素排出量を大幅に削減することができる。〉 〈燃料電池車とは，酸素と水素で電力を作り，その電力でモーターを動かして走行する自動車のこと。酸素

資料読解	・日本では，現在，どのような自動車が生産・販売されているのかな？	と水素を化合させ電気と水を作り出すため，走行中に二酸化炭素を排出しない点が特徴である。〉 ・次世代自動車の共通点は，二酸化炭素や大気汚染物質の排出を抑えた地球環境にやさしい自動車であるという点だね。 ・日本の燃料別新車販売台数を見てみると，ハイブリッド車（約55%）が最も売れており，次いでガソリン車（約36%），ディーゼル（約6%）となっているね。 ・プラグインハイブリッド車（約2%）や電気自動車（約2%），燃料電池車（0.02%）はあまり売れていないんだね。
[第6時]	・これまでの学習を踏まえて，今後，どのような自動車が注目されていくと言えるかな？ ・トヨタでは，現在，どのような自動車を生産・販売しているのかな？ D なぜ，トヨタでは電気自動車よりガソリン車やハイブリッド車をたくさん生産しているのかな？ ・これまで学習してきたことをもとに考えてみよう。	・今後は，電気自動車や燃料電池車など地球環境にやさしい自動車が注目されていきそうだね。 ・「2023年燃料別メーカー別台数」（日本自動車販売協会連合会，2024）によると，HV（59.0%），ガソリン車（37.9%），PHEV（1.7%），ディーゼル車（1.3%），EV（0.2%），FCV（0.03%）となっている。
オンライン会議ツールを活用した検証	・実際に，トヨタ販売店の方に聞いてみよう。	〈現時点で電気自動車には地球環境にやさしい点や非常時に蓄電池として使えるなど，様々なよい点がある

		が，一方で①航続距離が短い，②充電インフラが不十分，③充電に時間がかかる，④車両価格が高額なうえにリセールバリューが低い，⑤バッテリーに寿命があり交換代も高額である，などの課題も指摘されている。トヨタではこれらの点を踏まえ，ガソリン車やハイブリッド車のほうが消費者ニーズに合っていると考え，電気自動車よりガソリン車やハイブリッド車をたくさん生産・販売している。〉
[第7時] 資料の読解	D-1 （「地球環境にやさしい」以外で）現在，どのような自動車づくりが求められているのかな？ ・自動車業界で注目されている「CASE」とは何かな？ ・配布資料（『図解即戦力　自動車業界のしくみとビジネスがこれ1冊でしっかりわかる教科書』（GB自動車業界研究会，2024）pp.186-187）をもとに調べよう。	〈「CASE」とは，自動車業界の変革の象徴となる4つの領域である Connected：コネクティッド，Autonomous：自動運転，Shared & Service：シェアリング，Electric：電動化の頭文字を組み合わせた造語。この考え方に基づく技術革新によって自動車づくり概念が大きく変わろうとしている。〉
[第8時] 資料の読解	D-2 トヨタでは「CASE」に対して，どのような取組をしているのかな？	〈「C」に関して，24時間365日のオペレーターサービスをはじめ，過去の走行履歴から渋滞などを予測したり，ドライブに役立つ情報を音声で

	・トヨタHPやトヨタ販売店からいただいたカタログ（トヨタの新型車）で調べよう。 	案内したり，ドアロックの忘れを携帯に通知し，スマホからエンジンをかけたりすることができるT-connectというサービスを提供している。〉 〈「A」に関して，自動運転には5つのレベルが設定されているが，現在，レベル2（ドライバーによる監視下で衝突軽減ブレーキ，車間距離制御装置，特定条件下で車線を維持しながら前走車に追随して走行できる）まで実現している。〉 〈「S」に関して，2023年2月より「TOYOTA SHARE」のサービスを開始。24時間365日，スマホ1つで，全国約1240か所の利用ステーションで自動車をレンタルすることができるサービスである。〉 〈「E」に関して，2022年にトヨタ初となる電気自動車「bZ4X」はあまり売れなかった。2026年までに次世代バッテリーを搭載し，航続距離をこれまでの2倍にした新型電気自動車10モデルを市場に投入し，年間の販売台数150万台を目標に開発を進めている。〉
[第9時]	・再度解決策を考えて，シートに記入してみよう。	〈解決策シート2に記入〉 ・獲得した知識は十分かな？

第3次

第10時の目標：グループで解決策をブラッシュアップし，提案する。

第11時の目標：お互いの解決策をどのように展示するか提案する。

学習活動	主な問い・指示	児童の反応・〈知識〉
[第10時] 協調的問題解決 学習内容・方法の省察と新しい問題発見	・4人のグループを作り，解決策をブラッシュアップしよう。 ・解決策シート3に記入して，自己評価，相互評価する。 ・新しい視点で考える。	・生産台数で世界一を保持し続けるためには，国内外に生産拠点を分散させて，各地域の消費者に選ばれる自動車を安く，早く届けることが重要。新たに組立工場を建設するとしたら，近年，生産台数が伸びているインドやマレーシアがよさそう。 ・時価総額ランキングで世界一になるには，ガソリン車やHVより，EVを生産・販売したほうがよさそう。しかし，世界的動向（EV生産の勢いが落ちており，EVシフトを進めていた欧州の自動車メーカーがガソリン車の生産を強化する方針を打ち出したこと）を踏まえれば，現在のトヨタの作戦は成功している？ ・今後，求められる自動車づくりを踏まえれば，自動運転レベル5（完全自動運転）を目指した研究開発を一層進めていくことが，既に実証実験でレベル4を成功させているテスラとの差を広げることにもなる。
[第11時]	・このプロジェクトで伝えたいことを再確認しよう。 ・プロジェクトの成果をどのように発信すればよい？	・今後，トヨタが世界一の自動車メーカーになるための戦略について考えたことを，協力してくれたトヨタ販売店の店長さんに伝えたい。

プロジェクトの評価

　自動車業界の動向に関して，週間経済誌の表紙を見てみると「EV 戦争 2023」「日本人が知らない EV の最前線」「EV シフト絶頂と絶望」「EV 失速の真実」など，EV に関する議論が目につきます。他方で，地球環境にやさしい自動車づくりといった内容も含めて，Connected（コネクティッド），Autonomous（自動化），Shared & Service（シェアリング），Electric（電動化）の頭文字を組み合わせて「CASE」といった考え方に基づく技術革新が自動車産業全体で進められようとしています。このような状況を踏まえ，トヨタが世界一の自動車メーカーになるためには，生産場所，生産台数，消費者ニーズ，社会の動向などを踏まえ戦略を立てることが重要です。

　児童は授業内容や自学により，次のような戦略案を提案するでしょう。

★戦略案
- 現在，トヨタではハイブリッド車やガソリン車を多く生産しているが，カーボンニュートラルへの対応や様々な国の規制，時価総額ランキングでテスラを抜くためには，電気自動車の生産台数を増やしたほうがよい。
- 国内の充電インフラの現状や欧州での EV シフトからガソリン車の増産への方針転換などの動きを踏まえると，トヨタはハイブリッド車に重点を置いた生産・販売を行うべきだ。強いて言えば，ガソリン車の生産台数を減らしてハイブリッド車の生産台数を増やしたほうがよいと思う。
- 生産台数で世界一を保持し続けるためには，国内外に生産拠点を分散させて，各地域の消費者に選ばれる自動車を安く，早く届けることが重要であることが分かった。新たに組立工場を建設するとしたら，近年，生産台数が伸びているインドやマレーシアが適していそうだ。
- 今後，求められる自動車という点では，自動運転レベル5に向けた研究開発，若者の車離れに対応したカーシェアリングやサブスクリプションなどの選択肢の充実，サービスと安全性の向上を目指したソフトウェア開発が社会の変化と消費者ニーズに対応した重要な戦略になると思う。

わたしたちの生活と工業生産

02　　　　　［工業生産を支える運輸と貿易］

2050年に向けて
北陸工業地域を支える工場を呼びよせよう！

［行壽浩司］

未来を見据えて工場を呼びよせよう

　工業は物を作るのみならず，雇用を創出し，経済的に人々の生活を豊かにします。雇用を生み出すことは，多くの地域で課題となっている人口減少を解決するためにも大切です。一方で，企業が安価な労働力を求めて海外に生産拠点を移せば，雇用は生まれず産業の空洞化を引き起こしてしまいます。地域に根づいた工業を考えることは，まちづくりや経済発展といった諸問題を考えることにつながり，大人になり実際に諸問題に直面したとしても，この学習が問題解決のヒントを与えてくれることでしょう。

　しかし，この産業構造は時代によって移り変わるものであり，工場誘致の際には未来を予測して考える必要があります。例えば，かつて四大工業地帯の１つに数えられていた「北九州工業地帯」は，近年は生産額が低下し，「北九州工業地域」と表記されることも多くなりました。九州地方の工業は鉄鋼業からのシフトチェンジを行い，空港と高速道路という交通の便を生かして集積回路などの生産がさかんになりました。軽量で高価な集積回路などであれば航空機で輸送しても採算が取れるためというのがその理由でした。しかしさらに時代が進み，集積回路などは海外へ生産拠点が移ります。そのため2000年代以降は九州地方の工業として自動車産業がさかんになっています。その自動車産業も，今後どうなっていくのか予想がつきません。暗記による社会科では対応できないような時代の流れを踏まえて予測するという面白さがあります。今回は工業生産とそれを支える輸送を関連づけ，児童がプロジェクトを考えます。輸送と産業，さらには未来のまちづくりについての意見をキュレーションしたいです。

> プロジェクト

　中部地方の日本海側に広がる北陸工業地域では伝統産業であるせんい工業などがさかんです。現在人口減少が地域の課題となっており，工場を呼びよせて働く場を増やしたいと敦賀市役所の人たちが話をしてくださいました。工場と輸送との関わりに注目し，2050年の未来を想定して，どのような工場を呼びよせたらよいか考え，敦賀市役所の人たちへ提案しましょう。

単元目標＆評価規準

・工業と輸送との関わりについて理解する。
・輸送における地域的特色と今後の可能性について理解する。
・未来を予想し，今後発展しうる工場の誘致を考え，表現する。
・解決策提案に向け必要な知識などを粘り強く獲得し，解決策を繰り返し修正しようとする。

知識・技能	思考・判断・表現	主体的に学習に取り組む態度
●北陸地方における工業の種類や分布，生産額の変化，輸入など外国との関わりなどについて地図帳などで調べて，必要な情報を集め，読み取り，工業と輸送との関わりについて理解している。 ●調べたことを白地図や文章などにまとめ，資源の確保や製品の輸送は，交通網の整備が重要であること，工場立地に重要な役割を果たしていることを理解している。	●工業と輸送との関わりについて着目して問いを見出している。 ●未来を予想し，今後発展しうる工場の誘致を考え，適切に表現している。	●地域に応じた問題解決策提案に向け，粘り強く知識などを獲得したり，必要な知識などが十分なのかを確認したりしようとしている。

単元を貫く学習問題

2050年に向けて北陸工業地域を支える工場を呼びよせよう！

ルーブリック

段階	プロジェクトに対して
3 十分満足	授業や自学で獲得した知識を活用し，工場誘致の問題解決策をグループで協力して修正しつつ提案している。
2 概ね満足	授業で獲得した知識を活用し，工場誘致の問題解決策をグループで協力して修正しつつ提案している。
1 要努力	一般的な工場誘致の問題解決策に留まっていたり，グループで協力できなかったりした。

問いの構造図

説明的知識に対応する問い	分析的知識に対応する問い	主な記述的知識
2050年に向けて北陸工業地域を支える工場を呼びよせよう！	A-1 北陸地方ではどのような産業がさかんなのかな？ A-2 北陸地方はどのような地域なのかな？ B-1 北陸地方の工場はどのように分布しているかな？ B-2 工業生産を支える運輸として，どのような輸送方法があるのかな？ B-3 北陸地域で輸送を上手く利用している工場はどんなものがあるのかな？	繊維・機械 伝統産業 豊富な電力 工業用水 臨海部 高速道路 トラック，貨物船 貨物列車，航空機 米菓工場 高速道路網
C なぜ，敦賀市は交通の要となっているのかな？	C-1 敦賀市はどんな地域かな？ C-2 敦賀市はどのような輸送方法が利用できるかな？ C-3 敦賀市ではどのような工場ができているのかな？	リアス海岸 貿易港，フェリー 鉄道 セメント工場 紡績工場 水産加工業
D なぜ，2050年に向けてその工場を呼びよせるのかな？	D-1 今後どのような工場が業績を伸ばしそうかな？ D-2 工場を呼びよせる際にどのようなことを克服する必要があるのかな？	SDGs 新技術の獲得 エネルギーの確保

単元指導計画

	学習活動	指導上の留意点○と評価●
第1次 (3)	A-1 北陸地方でさかんな産業について知る。 A-2 北陸地方の気候や地形についてどのような特徴があるのかを知る。	○教科書で確認する。
	B-1 北陸地方の工場の分布を確認する。 恒常的社会的論争問題：2050年に向けて北陸工業地域を支える工場を呼びよせよう！ B-2 工業生産を支える運輸として，どのような輸送方法があるのかを確認する。 B-3 北陸地域で輸送を上手く利用している工場を確認する。 解決方法の予備的思考：亀田製菓の工場分布を参考に，敦賀市における解決策を考える。 ・ルーブリックを確認する。	○地図帳で確認する。 ●知識不足を認識しているか。【態】 ○ゴールを確認する。
第2次 (4)	必要な知識や概念の確認・選択：敦賀市に工場を呼びよせるために有効な提案を考える。 知識や概念の獲得：C-1 敦賀市はどのような地域的特色があるのか確認する。 C-2 敦賀市の工場はどのような輸送方法を利用して生産活動を行っているのかを知る。	●知識が十分か振り返っているか。【態】
	C-3 敦賀市では輸送手段を生かしてどのような産業が成り立っているのかを知る。	●経営上の工夫を理解しているか。【知・技】
	D-1 今後業績を伸ばしそうな業種について知る。 D-2 持続可能な社会の実現のために克服すべき課題を知る。	●知識を活用して解決策を考えているか。【態】
第3次 (3)	協調的問題解決：未来を予想し，今後発展しうる工場を呼ぶために提案する。 省察：提案シートに記入して自己評価，相互評価する。	●未来を予想しつつ，持続可能な経営ができる方策を考えているか。【思・判・表】

授業展開

第1次

第1時の目標：北陸地方の気候や地形についてどのような特徴があるのか知る。

第2時の目標：工業生産を支える運輸として，どのような輸送方法があるのかを確認する。

第3時の目標：北陸地方における工場呼びよせのための第1次提案を行う。

学習活動	主な問い・指示	児童の反応・〈知識〉
[第1時] 資料の読解	A-1 北陸地方ではどのような産業がさかんなのかな？ A-2 北陸地方はどのような地域なのかな？	・繊維工業や機械工業がさかん。〈繊維・機械〉 ・農業ができない冬の時期に伝統産業がさかん。〈伝統産業〉 ・黒部ダムによる水力発電ができる。〈豊富な電力〉 ・雪解け水を利用したきれいな工業用水が確保できる。〈工業用水〉
[第2時]	B-1 北陸地方の工場はどのように分布しているかな？	・地図帳を使って確認。 ・新潟，富山，石川，福井。 ・日本海の海沿いに分布している。〈臨海部〉 ・北陸工業地域の場所と高速道路網とが重なっている。〈高速道路〉
恒常的社会的論争問題	2050年に向けて北陸工業地域を支える主要な産業を呼びよせよう！	
	B-2 工業生産を支える運輸として，どのような輸送方法があるのかな？ ・どんな種類の輸送手段を知っている？	・高速道路を利用して，トラックによる輸送ができる。〈トラック〉 ・港があり，貨物船によって輸送することができる。〈貨物船〉 ・鉄道が通っており，貨物列車によって輸送することができる。〈貨

物列車〉
・小松空港や新潟空港などがある。〈航空機〉

B-3 北陸地域で輸送を上手く利用している工場はどんなものがあるのかな？
・タブレットを活用して亀田製菓の工場を調べてみよう。

・亀田製菓の工場を地理院地図で調べてみると，高速道路のICのすぐそばに工場がある。〈米菓工場〉

亀田製菓工場周辺と高速道路IC

・なぜ，高速道路の近くに工場が集中しているのかな？
・亀田製菓と同じような工場の分布をしている企業はあるのかな？
・タブレットを活用して，工場の分布をまとめよう。
・高速道路以外に活用できそうな交通手段はあるのかな？

・煎餅などの原材料は米であり，米どころである新潟県のお米を加工し，消費地へ輸送している。
・同じ米菓工場の越後製菓も高速道路の近くに工場ができている。〈高速道路網〉
・波が穏やかで港が多く，北海道からのフェリーが運航している。〈リアス海岸〉

[第3時] 解決方法の予備的思考	・亀田製菓の工場分布を参考に，敦賀市にどのような工場を呼びよせたらよいか解決策（図と文章）を提案してみよう。	〈解決策シート1に記入〉

第2次

第4時の目標：敦賀市はどのような地域的特色があるのか知る。

第5時の目標：敦賀市の工場はどのような輸送方法を利用して生産活動を行っているのかを知る。

第6時の目標：敦賀市では輸送手段を生かしてどのような産業が成り立っているのかを知る。

第7時の目標：北陸地方の中でも敦賀市における工場呼びよせのための第2次提案を行う。

学習活動	主な問い・指示	児童の反応・〈知識〉
[第4時] 必要な知識や概念の確認・選択	・プロジェクトを考えるためには何を知っていないといけない？ C-1 敦賀市はどんな地域かな？ ・タブレットを活用して衛星写真から分かる地域的特色を読み取る。	・敦賀市の地域的特色は何か。 ・敦賀市の工場はどのような輸送手段を利用しているのか。 ・どのような産業が成り立っているのか。 ・今後売り上げを伸ばしそうな業種は何か。 ・若狭湾はリアス海岸であり，港ができている。〈貿易港〉 ・越前海岸が入り江をふさぐように日本海へ突き出ており，波をさえぎるような地形をしている。

		 **敦賀湾と越前海岸**
[第5時]	C-2 敦賀市ではどのような輸送方法が利用できるかな？ ・タブレットで敦賀海陸運輸のHPで調べてみよう。	・京都や滋賀に近い。 ・港があるので，貨物船による輸送ができる。〈フェリー〉 ・日本列島が弓型の形状になっているため，北海道からだと関東地方へ輸送するのと大体同じくらいの距離で敦賀まで運ぶことができる。そのため，関西方面への輸送であればフェリーが適している。かつては北前船によって関西方面への輸送でさかえた。 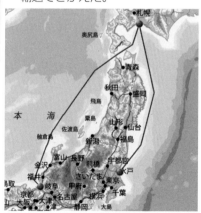 **苫小牧からの海上輸送ルート**

113

		・北陸新幹線の終着駅であり，名古屋方面や関西方面へも特急列車が通るような，鉄道の重要地点になっている。貨物列車による輸送ができる。明治時代に敦賀米原間の鉄道がいち早くでき，関西方面への輸送を担っていた。〈鉄道〉
[第6時]	C-3 敦賀市ではどのような工場ができているのかな？	・敦賀港のすぐ近くでセメントを作っている。原料になる石灰石が重たいから，輸送に適した場所で作られている。〈セメント工場〉 ・古くから紡績業がさかんである。その後は，フィルムなど，その時代に合わせた商品を製造している。〈紡績工場〉
	C なぜ敦賀市は交通の要衝となっているのかな？	〈若狭湾周辺はリアス海岸であり，さらに越前海岸が入り江をふさぐように位置しているため波が穏やかで港としてさかえる地理的特徴がある。北海道との航路が確立しており，古くから北前船によって北海道から関西方面への輸送を担っていた。さらに，北陸新幹線の終着駅として名古屋方面や関西方面につながっている。高速道路網も整備されており，敦賀市は海路・陸路の要衝として成立している。〉
[第7時]	D-1 今後どのような工場が業績を伸ばしそうかな？ ・企業のHPなどを調べてみよう。	・小牧かまぼこなど，古くから魚のすり身を加工した水産加工業がさかえていた。近年では越前ガニの人気が高く，厳しい条件をクリアした「極　越前がに」は20〜30万

	円の値がつく。このような日本海側ならではの水産物を加工する工場は，北陸新幹線の効果もあり，外国人観光客や県外観光客に向けて今後も需要が見込めるのではないか。〈水産加工業〉
	・若越印刷では環境に配慮した商品開発を進め，パルプ100％の紙製クリアファイルを開発している。このように持続可能な社会に向けた生産は，今後業績を伸ばしていくのではないか。〈SDGs〉
D-2 工場を呼びよせる際にどのようなことを克服する必要があるのかな？	・近年では生産拠点が海外に移っており，国内の産業を発展させるためには海外にはない新しい技術の開発が必要。〈新技術の獲得〉
	・製造には工場用水や資源の確保が必要である。富山県では黒部ダムによる水力発電により，多くの電力が必要なアルミニウム加工が実現できている。エネルギーの確保は工場を呼びよせる際に必要。〈エネルギーの確保〉
D なぜ，2050年に向けてその工場を呼びよせるのかな？	〈工場を呼ぶ際は，地域的特色を踏まえたうえで，他の地域にはない利点を見出す必要がある。海路と陸路の要所である点を生かしつつ，2050年を見据えて企業を呼びよせる必要がある。〉
・再度解決策を考えて，シートに記入してみよう。	〈解決策シート2に記入〉 ・獲得した知識は十分かな？

第3次

第8・9時の目標：グループで解決策をブラッシュアップし，提案する。
第10時の目標：お互いの解決策をどのように展示するか提案する。

学習活動	主な問い・指示	児童の反応・〈知識〉
[第8・9時] 協調的問題解決 学習内容・方法の省察と新しい問題発見	・4人のグループを作り，解決策をブラッシュアップしよう。 ・解決策シート3に記入して，自己評価，相互評価する。 ・新しい視点で考える。	・2050年という未来において需要が高い業種を見極める必要がある。 ・2050年は北陸新幹線が大阪まで延伸している可能性がある。未来の状況を予測することも大切。 ・工業生産を支える運輸について，敦賀市は利点が多いが，広大な工業用地の確保が課題。 ・中国やインドなど，アジアが市場の中心となっていく傾向はこれからも継続するであろう。アジアに向けた玄関口として，敦賀港は今後さらに発展する可能性がある。アジア向けの工場を呼ぶことが大切ではないか。

金ヶ崎緑地公園のモニュメント1

		 金ヶ崎緑地公園のモニュメント2
	・ルーブリックで、このプロジェクトで伝えたいことを再確認しよう。	・敦賀港付近をフィールドワークすると、金ヶ崎緑地公園に敦賀と大陸（ロシア・中国・韓国など）を結ぶ航路を表現したモニュメントを見つけました。視覚的に大陸への玄関口として敦賀港が機能していることが分かります。 ・ここはかつての敦賀港駅であり、この場所からかつてはロシアに向けて船が出向し、ロシア到着後にシベリア鉄道を経てヨーロッパまで行くことができていました。
[第10時]	・プロジェクトの成果をどのように発信すればよい？	・敦賀市の輸送上の利点を伝えるとともに、それを生かした工業生産の在り方を展示したい。

解決策シート1　　（　）組（　）番　名前（　　　　　　）

　中部地方の日本海側に広がる北陸工業地域では伝統産業であるせんい工業などがさかんです。現在人口減少が地域の課題であり，工場を呼びよせて雇用を生み出したいと敦賀市役所の人たちが話をしてくださいました。工場と輸送との関わりに注目し，2050年の未来を想定して，どのような工場を呼びよせたらよいか考え，敦賀市役所の人たちへ提案をします。

　亀田製菓の工場分布を参考に，敦賀市にどのような工場を呼びよせたらよいか，社会科の授業で学習したことだけでなく，他教科で学んだことや知っていること，自分で調べたことなどを使って提案してみよう。

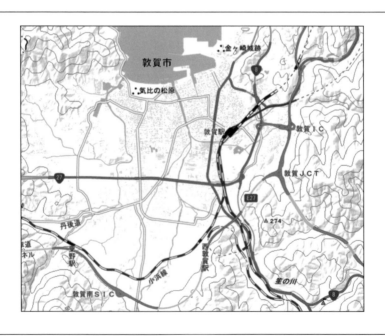

プロジェクトの評価

　工業生産とそれを支える輸送について関連づけ，児童がプロジェクトを考えます。輸送と産業，さらには未来のまちづくりについて，社会科で学習したことのみならず，他教科で学んだことや知っていること，自分で調べたことなどを使って提案することが望ましいです。2050年を見据えて工場を誘致する際には，①2050年という未来において必要になっている産業を考えるアプローチなのか，もしくは②敦賀市の地域的特色を踏まえて輸送上の利点から考えるアプローチなのかで，プロジェクトの意味合いも変わってくることでしょう。また，その輸送自体も2050年はより発展しているかもしれません。2026年予定の中部縦貫自動車道全面開通に伴い，福井—岐阜—長野の交通が今後発展する可能性もあります。2050年には北陸新幹線が大阪まで延伸している可能性もあります。③今後の交通の発展から誘致する工場を考えるアプローチもあると思います。これらを踏まえて，児童がどのアプローチでプロジェクトを考えたのか，評価するのがいいでしょう。

　児童は授業内容や自学により，次のような解決策を提案するでしょう。

★**解決策**：敦賀は京都や滋賀といった近畿地方に近い位置にあります。近くの越前市では電子部品などを製造する村田製作所や自動車部品を製造するアイシン福井などの工場があり，いずれも世界の中でもとても高い技術です。また北九州への航路もあるため，北九州工業地域とつながって自動車産業の生産を行うことも可能です。

提案：海上輸送と陸上輸送を上手に生かして，自動車産業を発展させる。

海上輸送→九州地方と敦賀，北海道と敦賀，アジアと敦賀

陸上輸送→近畿地方と北陸地方，東海地方と北陸地方

　・2つの輸送手段により，部品を加工し，自動車製造の拠点となる。

　・東海地方からアジアへの自動車輸出としてトヨタの工場を呼びよせる。

Chapter5

「情報化した社会と産業の発展」の授業デザイン

情報化した社会と産業の発展

01　　　　　　　［情報産業と私たちのくらし］

ラジオの災害放送に挑戦しよう！愛媛県新居浜市で南海トラフ地震の被害にあったら，コミュニティFMからどのような情報をいつ提供する？　［古泉啓悟］

ラジオの災害放送に挑戦！どのような情報をいつ提供する？

　日本は地震大国です。内閣府（2021）の『南海トラフ地震防災対策基本計画』によると，マグニチュード8以上の地震が30年以内に70〜80％の確率で起きると予測されています。

　このような地震をはじめとする様々な災害に関する情報を，私たちはどのように得ているのでしょうか。『令和6年度版情報通信白書』（総務省，2024）によると，2024年1月に発生した能登半島地震では，地震に気づいた後にアクセスしたメディアを全国の国民向けにアンケート調査したところ，64.2％がテレビ放送，12.6％がSNSという結果が報告されています。しかし，嘘の情報（デマ）がSNSを通じて流れ，混乱を招いたことも話題となりました。一方で，前述のアンケートでは1.3％だったラジオ放送は，東日本大震災や北海道胆振東部地震において，災害時に利用したメディアとして高い評価を得ています（日本民間放送連盟，2019）。また，ラジオには災害時に有益な情報を提供するだけでなく，パーソナリティや他のリスナーによる共感が被災者の背中を後押しする可能性があるとされています（大牟田，2024）。

　誰もが情報を発信しやすい時代を迎えました。そこで，災害時の情報をラジオから発信する立場になって，どのような情報をいつ提供すればいいのかを考えてもらうプロジェクトを考案しました。1人1台端末を使用して作成した音声データは，校内放送で紹介してもらうことがよいでしょう。また，ラジオ局の方に協力を依頼し，成果物のフィードバックをもらったり，実際のラジオ内で取組を紹介してもらったりするとよりよい学びが期待できます。

> プロジェクト

　私たちはテレビや新聞，インターネットなど様々なメディアから情報を得ています。特に地震などの災害時には，その情報がとても重要になります。しかし，被害にあった場所によっては普段使っているメディアが使えない場合や，信じてよいのか分からない情報が溢れている場合が考えられます。そこで，愛媛県新居浜市で南海トラフ地震による被害を受けた場合を想定して，地域のコミュニティFMから，いつ，どのような情報を流せばよいか考えてください。

単元目標＆評価規準

・放送などの産業による情報が消費者に届くまでの仕組みについて理解する。
・情報は国民生活に大きな影響を及ぼしていることについて理解する。
・被災者に対して，どのような情報を提供するかを考え表現する。
・解決策提案に向け必要な知識などを粘り強く獲得し，解決策を繰り返し修正しようとする。

知識・技能	思考・判断・表現	主体的に学習に取り組む態度
●情報を集め発信するまでの工夫や努力などについて音声や映像などの各種資料で調べて，必要な情報を読み取り，情報産業の概要を理解している。 ●調べたことを表や文章にまとめ，放送などの産業は国民生活に大きな影響を及ぼしていることを理解している。	●放送などの産業の情報収集や発信に着目して問いを見出している。 ●情報を集め発信するまでの工夫や努力などに着目して，放送などの産業の様子をとらえ，国民生活に果たす役割を考え，適切に表現している。	●被災した人々に向けたラジオ放送を制作するために，粘り強く知識などを獲得したり，必要な知識などが十分なのかを確認したりしようとしている。

単元を貫く学習問題

ラジオの災害放送に挑戦しよう！愛媛県新居浜市で南海トラフ地震の被害にあったら，コミュニティFMからどのような情報をいつ提供する？

ルーブリック

段階	プロジェクトに対して
3 十分満足	授業や自学で獲得した知識を活用し，被災した人たちに向けた災害ラジオをグループで協力して修正しつつ提案している。
2 概ね満足	授業で獲得した知識を活用し，被災した人たちに向けた災害ラジオをグループで協力して修正しつつ提案している。
1 要努力	災害報道のみに留まっていたり，グループで協力できなかったりした。

問いの構造図

説明的知識に対応する問い	分析的知識に対応する問い	主な記述的知識
ラジオの災害放送に挑戦しよう！愛媛県新居浜市で南海トラフ地震の被害にあったら，コミュニティFMからどのような情報をいつ提供する？⇩　　Ｃ なぜ，ラジオ放送局の人はすぐに放送ができるの？　　　Ｄ なぜ，防災放送や被害報道以外の放送をする必要があるの？	Ａ-1 日本ではどのような地震が起きたのかな？　Ａ-2 地震が起きたとき何から情報を得たのかな？　Ｂ-1 なぜ被災地ではラジオから情報を得ていたのかな？　Ｂ-2 災害時にはどんな情報を発信したらいいかな？　Ｃ-1 ラジオ局の人は災害時にどのように情報を集めて放送しているのかな？　Ｃ-2 ラジオ局の人は災害時に備えて日頃どのようなことをしているのかな？　Ｄ-1 防災放送や被害報道以外にどのようなことが放送されているのかな？　Ｄ-2 リスナーからどのような内容の投稿があったのかな。　Ｄ-3 放送時の注意点は何かな？	ニュース番組 （マス）メディア 被災地 ブラックアウト 防災放送 災害報道 編集，番組制作 災害本部 訓練 災害マニュアル 安否放送 生活情報 共感放送 リスナー

単元指導計画

	学習活動	指導上の留意点〇と評価●
第1次 (2)	A-1 近年の日本ではどのような地震が起きたのかを知る。 A-2 地震が起きたときに人々はどのようなメディアを使って情報を得たのかを知る。	〇過去の震災に関する新聞記事,『令和6年度版情報通信白書』（総務省,2024）で確認。
	B-1 北海道胆振東部地震で被害にあった地域では，ラジオを使用した割合が高い理由を考える。 恒常的社会的論争問題：ラジオの災害放送に挑戦しよう！どのような情報をいつ提供する？	〇『ラジオの意義と課題』（日本民間放送連盟,2019）の資料を示す。
	B-2 愛媛県新居浜市のハザードマップを確認し，放送時の内容について考える。 解決方法の予備的思考：解決策を考える。 ・ルーブリックを確認する。	〇愛媛県新居浜市のハザードマップを確認。 ●知識不足を認識しているか。【態】
第2次 (4)	必要な知識や概念の確認・選択：放送産業の仕組みと過去の震災でのラジオ放送を事例にする。 知識や概念の獲得：C-1 ラジオが放送されるまでの過程を調べる。 C-2 災害に備えて行っていることを調べる。	〇資料集や放送局で働く人々へのインタビューから様子を調べる。 ●知識が十分か振り返っているか。【態】
	D-1 災害放送には，安否放送，生活情報，共感放送などがあることを知る。	●被災者の立場から放送の意味を理解しているか。【知・技】
	D-2 過去の震災のラジオにおけるリスナーからの投稿内容を調べる。	●被災者以外の立場から放送の意味を理解しているか。【知・技】
	D-3 ラジオにおける放送の注意点を踏まえ，放送内容を再度検討する。	●知識を活用して解決策を考えているか。【態】
第3次 (2)	協調的問題解決：被災した人に役立つラジオ放送を提案する。 省察：放送内容を提案シートに記入して自己評価，相互評価する。	●放送時期を考慮し，被災した人の立場に立った放送内容を考えているか。【思・判・表】

授業展開

第1次

第1時の目標：過去に発生した地震，災害時に使用したメディアについて知る。

第2時の目標：被災地ではラジオが使われる理由を考え，南海トラフ地震の被害にあった場合の放送内容について，第1次提案を行う。

学習活動	主な問い・指示	児童の反応・〈知識〉
[第1時] 写真の読解 過去の地震とその被害の様子	A-1 日本ではこれまでにどのような地震が起きたのかな？ ・地震によってどんな被害があったのかな。 A-2 地震が起きたとき，人々はどのようなメディアを使って情報を得たのだろう？ 『令和6年度版情報通信白書』（総務省，2024）	・北海道や東北，近畿，九州など，日本中で大きな地震が起きているね。 ・今後，南海トラフ地震も起きる可能性が高いと言われているよ。 ・能登半島地震のときは古い建物が崩れたよ。 ・東日本大震災では，津波による被害が大きかったんだね。 ・阪神淡路大震災では，火災が起きたんだね。 ・テレビやラジオ，新聞，インターネットから情報を得ているね。 〈（マス）メディア〉 ・テレビからの情報の割合が一番高いのはどうしてだろう。 ・ラジオは使ったことがないな。 ・緊急地震速報のときは，スマートフォンから大きな音が鳴るよ。

[第2時] 資料読解 北海道胆振東部地震の新聞記事	B-1 なぜ，北海道胆振東部地震の被災地ではテレビよりもラジオを使用した人が多かったのだろう？ 『ラジオの意義と課題』 （日本民間放送連盟，2019）	・テレビのほうがラジオよりも分かりやすいと思うのにどうしてだろう。 ・大規模な停電があると電気は使えないね。 〈ブラックアウト〉
恒常的社会的論争問題	ラジオの災害放送に挑戦しよう！愛媛県新居浜市で南海トラフ地震の被害にあったら，コミュニティＦＭからどのような情報をいつ提供する？	
解決方法の予備的思考 資料読解 愛媛県新居浜市のハザードマップ	B-2 災害時にはどんな情報を発信したらいいかな？ ・新居浜市ではどんな被害が予想されている？ 『新居浜市総合防災マップ』 ・地震発生後から時間軸に沿って，どんな情報を流せばよいか提案してみよう。	〈防災放送・災害報道〉 ・新居浜市内でも被害の様子が場所によって違うね。 ・海沿いは津波の被害も予想されているね。 ・山側では土砂崩れも起きるかもしれないよ。 ・津波が予想される地域には，高い場所へ避難する情報を流せばいいと思う。 ・他にはどんな情報を流せばいいのだろう。 ・そもそもどうやって情報を得ているのかな。 〈解決策シート１に記入〉

第2次

第3時の目標：ラジオは，打ち合わせ，取材，編集など様々な手順を経て放送されていること，災害時でも素早く情報が提供できるように，災害マニュアルを作成したり，日頃から訓練をしたりしていることを理解する。

第4時の目標：災害放送には，安否放送，生活情報があり，被災者が生活するために必要な情報を放送していることを理解する。

第5時の目標：災害時のラジオ放送には，ラジオ局側からの一方的な情報だけでなく，リスナーからのリクエストや投稿を発信するなど，双方向のやり取りが行われ，ラジオが人々をつなぐきっかけになったことを理解する。

第6時の目標：放送時の注意点を踏まえ，放送内容の2次提案を行う。

学習活動	主な問い・指示	児童の反応・〈知識〉
[第3時] 必要な知識や概念の確認・選択 放送までの仕事	・プロジェクトを考えるためには何を知っていないといけない？ C-1 放送されるまでにどんなことをしているのかな？	・ラジオが放送されるまでの仕事。 ・どんな情報を流しているのか。 〈打ち合わせ，取材，編集，番組制作〉 〈割込み放送〉 〈新居浜市では災害対策本部が立ち上がると，市役所からも音声が送れるようになっている。〉 ・いろいろな人が役割を分担して，情報を発信しているんだね。 ・災害時には，デスクの指示でいろいろなチームができるんだね。 ・コミュニティラジオなど人数が少ないところは，一人がたくさんの役割をこなしているんだ。 ・市役所やJRなどの公共交通機関からも情報を得ているんだね。

災害への備え	C-2 ラジオ局で働く人は素早く情報を発信するために日頃どんなことをしているのかな？ C なぜ，ラジオ放送局の人はすぐに放送ができるのだろう？ ・これで放送は十分と言えるかな。	・災害のときは，原稿をつくる時間はほとんどなく，インターネットなどで手に入れた地域周辺の情報を，そのまま伝えることもあるんだね。 〈素早く情報を発信するために，日頃から緊急放送に切り替えるための訓練を行ったり，災害マニュアルを作成したり，いつでも放送できる準備をしている。〉 ・日頃から訓練をしたり，災害マニュアルを作ったりしているから素早く放送ができるんだね。 ・まだ，放送の内容が分かっているとは言えないかもしれないな。
[第4時] 資料読解 ラジオ特有の災害放送『大災害とラジオ共感放送の可能性』（大牟田，2024）	D-1 ラジオの災害放送には，他にどんな放送があるのだろう。 ・それらの共通点は何かな？	〈安否放送・生活情報・共感放送〉 ・無事かどうかもラジオが知らせているときがあるんだね。 ・避難所がどこで開設されているのかも大切だね。 ・ハザードマップにも避難所情報が載っているけど，被害によっては使えない場合があるね。 ・飲料水や食料がどこで配られるか，どの道が通れるかなどの情報も確かに必要だね。 ・『アンパンマンのマーチ』が話題になったんだね。 ・いつも聞いているDJの声が安心につながったんだね。 ・地域の情報がほとんど。 ・テレビや全国向けの放送では，こういう放送は聴けないよ。

		・これらの放送はどんな意味があるのかな。	・家族と直接連絡が取れなかったり，避難した後も，生活はとても大変だったりするから，命を守るためや心の健康のためにもこういう情報は必要だね。 ・時期によって放送内容も変えていく必要があるんだ。 〈災害放送では，被災者の命と生活を守るために様々な情報を発信している。またそれを発信する時期を考慮しなければならない。〉
[第5時] 資料読解 熊本地震でのリスナーの声 『大災害とラジオ共感放送の可能性』(大牟田，2024)		・ラジオを聴いている人のことをリスナーと呼び，ラジオには番組に投稿する人がいます。	〈リスナー〉
		D-2 過去に起きた地震では，リスナーは番組にどのような内容のメールを送ってきたのだろう。	・被災した地域の人からは，「不安」や「怖かった」などの気持ちを表すメール，被害の様子や助けを求めるメールが送られてきたんだね。 ・東日本大震災や阪神淡路大震災を経験した他地域の人からも共感や励ましのメールがきたよ。 ・地震をきっかけに初めてメールを送った人もいたんだね。 ・地震発生1か月後にもメールがきていたんだね。
		・災害時のラジオ放送はどんな役割があるといえるかな。	・被災者を勇気づける効果があったと思う。 ・被災した地域以外の人が行動するきっかけになったよ。

		・ラジオを通して，リスナー同士がつながっていたと思う。〈災害時のラジオ放送には，リスナーからの情報も発信され，ラジオが人々をつなぐきっかけになった。〉
[第6時] 新聞記事の読解 地震発生時のデマ 資料の読解 災害放送で心がけたこと 『大災害とラジオ共感放送の可能性』（大牟田，2024）	D-3 ラジオを放送するときの注意点は何だろう。 （日本経済新聞2024年7月24日付） ・ラジオだけでは不十分なところは何かな。 ・再度解決策を考えて，シートに記入してみよう。	〈デマ〉 ・インターネットでは嘘の情報が拡散されて，混乱した事件があったんだね。 ・拡散する側が多かったことから，情報を受け取る側にも責任があるよね。 ・番組をつくる人たちは，被災者に役立つ支援情報やライフラインを何もよりも大切にしたんだね。 ・いつも話している人がいるラジオがデマを防ぐ役割がありそうだね。 ・耳が聞こえづらい人や外国籍の人には，ラジオだけの情報では難しいね。 ・どんな人にも分かりやすく伝えることを心がけよう。 ・それぞれのメディアのよさを考えて使っていきたいな。 〈解決策シート2に記入〉 ・獲得した知識は十分かな？

第3次

第7時の目標：グループで解決策をブラッシュアップし，提案する。
第8時の目標：お互いの解決策をどのように展示するか提案する。

学習活動	主な問い・指示	児童の反応・〈知識〉
[第7時] 協調的問題解決 学習内容・方法の省察と新しい問題発見	・4人のグループを作り，解決策をブラッシュアップしよう。 ・解決策シート3に記入して，自己評価，相互評価する。	・地震が起きた直後には，津波への非難を知らせる情報が必要だね。 ・県や市が発信している情報を速やかに正確に発信しないといけないね。 ・身の安全が確保されたら，避難所の開設情報や新居浜市内や周辺の被害の状況を伝えよう。 ・避難生活が始まったら，元気が出るような放送も取り入れたり，音楽を入れたりするのはどうかな。 ・リスナーから送られてきた生活状況も，誤解を与えない程度の内容か確かめたうえで紹介してもいいよね。 ・リスナー同士が交流できるように，送られてきたメールを読み上げることも取り入れてみたいな。
[第8時]	・ルーブリックで，このプロジェクトで伝えたいことを再確認しよう。 ・プロジェクトの成果をどのように発信すればよい？	・校内放送で読み上げるのもいいけど，実際にラジオ局で働く人に提案したいな。

プロジェクトの評価

　これまでの地震を経験された方々が伝えているように，ラジオからの情報は人々の安全を守り，安心を与えるメディアの一つです。また，ラジオによる災害放送には，①防災放送，②被害報道，③安否情報，④生活情報，⑤共感放送といった役割があります。これらの種類の放送内容を，災害発生後の時間軸に沿って構成することが重要です。

　児童は授業内容や自学により，次のような提案をするでしょう。

★解決策：

いつ	放送内容	その内容を放送する理由
①南海トラフ地震発生直後	・津波からの避難 ・土砂崩れの危険 ・火の元確認	・地震後の被害を少しでも減らすため。
②地震発生から数時間	・避難所情報 ・被害情報	・どこに行けば命の安全が守れるかを伝えるため。 ・被害の情報が入ってきたら，少しずつ伝えていく。
③地震発生から数日	・被害情報 ・生活情報 ・余震への備え ・共感的な放送	・水や食料などに困っている人の命を守るため。 ・余震も考えられるので，備えを呼びかけることも大切。
④地震発生から数週間	・生活情報 ・リスナー同士の交流	・避難生活も大変になってくるので，元気が出るような曲やメッセージを流す。

　現在，様々な地域でコミュニティラジオが開設されていますが，認知度が低いことが課題となっています。ラジオ局の方々と連携し，このような取組を児童が行っていることを知らせることは，地域住民の防災意識の向上や，被害の減少にもつながる可能性があります。

［参考文献］
・大牟田智佐子（2024）『大災害とラジオ　共感放送の可能性』ナカニシヤ出版
※この実践をつくるために，南海放送様，「新居浜FM78.0」を運営されているハートネットワーク様には，貴重な情報を提供していただきました。この場をお借りして，御礼申し上げます。

情報化した社会と産業の発展

02　［情報を生かして発展する産業］

スマート観光で城崎温泉の未来をデザインしよう！どんな「企画」を提案できる？

［宗實直樹］

観光プランナーになろう！観光をどうスマート化する？

『城崎温泉交通環境改善計画』（城崎温泉交通環境改善協議会，2021）によると，城崎温泉では自動車交通と歩行者が狭い道路上で集中し混雑するため，歩行者の安全確保が大きな課題となっています。特に観光客にとっては，外湯巡りを快適に行うことが難しくなっています。また，温泉街における交通事故の多発や，交通量の増加による渋滞などが報告されており，交通環境の改善が急務とされています。このような交通の課題に加え，繁忙期と閑散期の差が大きいことも城崎温泉の観光産業の持続可能性を脅かしています。さらに，外国人宿泊者数の増加が鈍化しており，インバウンド観光の強化も求められています。

　では，観光業界では具体的にどのような対策をとっているでしょうか。例えば京都では，混雑が予想される時間帯には，スマートフォンアプリを通じて駐車場の空き状況をリアルタイムで確認できるようにし，駐停車を抑制する取組が進められています。また，観光客が安心して移動できるよう，主要な観光ルートにはセンサーを設置し，混雑状況を把握して適切に誘導するシステムも導入されています。このような対応策をどのように組み合わせるのか，地域住民だけでなく，観光客や関係事業者も含めた多様な視点から考えることが重要です。そこで，児童が城崎温泉の観光プランナーになり，どのようなスマート観光技術をどのように活用するのがよいか企画するプロジェクトを考えました。実際の交通や観光の課題にどのように対応するのかを考えるプロジェクトです。児童が作成した企画図とともに，観光産業の持続可能性に関するメッセージをキュレーションしてはいかがでしょうか。

> プロジェクト

城崎温泉は日本国内外から多くの観光客を引きつける魅力的な観光地です。しかし，交通渋滞や観光客の安全確保，季節による観光客数の変動など，多くの課題に直面しています。そこで，城崎温泉の観光産業を効率的かつ持続可能に活性化させるために，具体的な観光業の問題とその対策を学んでください。そして，「スマート化」を中心とした仮想の観光プランを作成してみてください。

単元目標＆評価規準

・スマート観光技術を用いて，城崎温泉の観光産業が直面する具体的な問題を理解する。
・城崎温泉の観光産業の現状と課題を分析し，持続可能な解決策を考える。
・仮想の観光プランを通じて，観光産業の効率化と持続可能性を実現するための知識とスキルを身につける。
・情報技術の活用方法を学び，それを観光業に応用する実践力を養う。

知識・技能	思考・判断・表現	主体的に学習に取り組む態度
●城崎温泉の観光産業の現状と課題について調査し，必要な情報を集め，読み取り，観光産業の概要を理解している。 ●スマート観光技術の基本的な原理とその応用方法について資料を使って説明できる。	●観光産業の課題に対する解決策を考え，適切に表現できる。 ●城崎温泉の観光産業の現状と課題を分析し，交通渋滞，安全確保，季節による観光客数の変動などの問題に対する具体的な解決策を考え，適切に表現できる。	●持続可能な観光産業の実現に向けて，粘り強く知識などを獲得し，解決策を繰り返し修正しようとしている。 ●フィードバックを受けて仮想プランを改善し，より実現可能で効果的な解決策を提案しようとしている。

単元を貫く学習問題

スマート観光で城崎温泉の未来をデザインしよう！どんな「企画」を提案できる？

ルーブリック

段階	プロジェクトに対して
3 十分満足	授業や自学で獲得した知識を活用し，観光業の問題解決策をグループで協力して修正しつつ提案している。
2 概ね満足	授業で獲得した知識を活用し，観光業の問題解決策をグループで協力して修正しつつ提案している。
1 要努力	一般的な観光業の問題解決策に留まっていたり，グループで協力できなかったりしている。

問いの構造図

説明的知識に対応する問い	分析的知識に対応する問い	主な記述的知識
スマート観光で城崎温泉の未来をデザインしよう！どんな「企画」を提案できる？ ⬇ C なぜ，城崎温泉の観光産業は複数の課題に対応しなければならないのか？ D なぜ，スマート観光技術を活用して，城崎温泉の観光産業を持続可能にする必要があるのか？	A-1 城崎温泉はどのような場所なのだろう？	外湯めぐりが有名な温泉街
	A-2 城崎温泉の観光産業が直面している問題は何だろう？	交通渋滞と歩行者の安全
	B-1 産業と情報技術の関わりはどのようになっているのだろう？	情報技術が観光業を支援
	B-2 現代の産業における情報技術の影響は何だろう？	データ活用による効率化
	C-1 スマート観光技術にはどのようなものがあるだろう？	AIによる危険予測
	C-2 それぞれの技術はどのように観光産業に応用されているのだろう？	リアルタイム交通情報提供システム
	C-3 観光産業における持続可能性を確保するためには，どのような取組が必要だろう？	エコツーリズム
	D-1 交通渋滞以外に，どのような課題が城崎温泉にあるのか？	オフシーズン
	D-2 スマート観光技術を導入する際に，どのような課題を克服する必要があるのか？	初期費用

単元指導計画

	学習活動	指導上の留意点○と評価●
第1次 (2)	A-1 城崎温泉はどのような場所なのかを調べる。 A-2 城崎温泉の観光産業が直面している問題について調べる。	○地図帳や地域資料を活用し，地理的特徴や観光地としての特性，城崎温泉の現状と課題を理解・確認させる。
	B-1 日本における主要な産業の分布と情報技術の関わりを調べる。	○資料で確認させる。
	恒常的社会的論争問題：スマート観光で城崎温泉の未来をデザインしよう！どんな「企画」を提案できる？	
	B-2 現代の産業における情報技術の影響を分析する。 解決方法の予備的思考：城崎温泉に適したスマート観光技術を紹介する資料を使用し，対策を考える。 ・ルーブリックを確認する。	●知識不足を認識させ，必要な情報を収集する活動を行わせる。【態】 ○ゴールを確認する。
第2次 (3)	必要な知識や概念の確認・選択：交通渋滞の緩和，安全確保，季節による観光客数の変動に対応するために，スマート観光技術の導入方法や他地域での成功事例を参考にし，効果的な観光地運営策を選択・適用する。 知識や概念の獲得：C-1 城崎温泉の観光産業にはどのような特徴や課題があるのか再確認する。 C-2 観光客の安全確保のために，どのような技術が導入されているのかを知る。	●知識が十分か振り返っているか。【態】
	C-3 交通渋滞の緩和や観光客数の変動に対応するために，どのようなスマート観光技術が利用可能かを知る。	●スマート観光技術の導入方法を理解しているか。【知・技】
	D-1 観光客の一部観光地への集中や季節による観光客数の変化への対応という課題があることを知る。 D-2 高度な技術を導入する際には，高額な初期費用が必要なことを知る。	●知識を活用して解決策を考えているか。【態】
第3次 (2)	協調的問題解決：観光客のニーズの変化に対応するために，どのようなスマート観光技術を導入するのが効果的かを協力して考え提案する。また，提案された解決策を共有し，相互にフィードバックを行いながら，より実現可能な提案に仕上げていく。	●持続可能な観光産業を実現するための方策を考えているか。【思考・判断・表現】
	省察：「スマート観光で城崎温泉の未来をデザインしよう！」企画提案シートに記入し，自己評価と相互評価を行う。	

授業展開

> 第1次

第1時の目標：城崎温泉の観光産業が直面している問題を理解し，スマート観光技術を活用した解決策の可能性を知る。

第2時の目標：城崎温泉の観光産業を持続可能にするための具体的な対策を考えるための第1段階の案を作成する。

学習活動	主な問い・指示	児童の反応・〈知識〉
[第1時] 記事の読解	A-1　城崎温泉はどのような場所なのだろう？	・外湯めぐりが有名な温泉街であることを知る。
	A-2　城崎温泉の観光産業が直面している問題は何だろう？	・交通渋滞，安全確保，季節変動などの問題がある。
[第2時]	B-1　産業と情報技術の関わりはどのようになっているのだろう？	・多くの産業で情報技術が使われるようになっている。
恒常的社会的論争問題	スマート観光技術を活用し，城崎温泉の未来をどうデザインするか？どんな企画を提案できる？	
	B-2　現代の産業における情報技術の影響は何だろう？ ・どのようなスマート化を知っている？	・スマート観光技術を使った他地域での事例を知る。
解決方法の予備的思考	・城崎温泉の地図や観光ガイドブックを見て，どのようにスマート化すれば観光地としての魅力をさらに引き出せるかな？	・AIを使っていろいろな予測をしてもらうとよい。 ・〈解決策シート（1回め）に記入〉

第2次

第3時の目標：城崎温泉の観光産業における課題を理解し，スマート観光技術の基本的な知識を身につける。

第4時の目標：観光産業における具体的な問題に対して，どのようなスマート観光技術が有効かを考える。

第5時の目標：城崎温泉の観光産業が持続可能になるような具体的な対策を提案する。

学習活動	主な問い・指示	児童の反応・〈知識〉
[第3時] 必要な知識や概念の確認・選択	・プロジェクトを考えるためには何を知っていないといけない？ C-1 スマート観光技術にはどのようなものがあるのかな？ ・スマートフォンアプリ，IoTセンサー，AI，AR技術などの活用例を調べよう。 C-2 それぞれの技術はどのように観光産業に応用されているのかな？ ・他の観光地での成功事例を調べよう。 ・城崎温泉において，どの技術が最も効果的かを考えよう。	・今の城崎温泉の観光産業の状況。 ・どんなスマート観光技術が使われているのか。 ・交通渋滞，安全確保，季節変動への対応策にはどのようなものがあるのか。 ・具体的な技術例として，リアルタイム交通情報提供システムやAIによる需要予測システムなどがある。 ・京都市では，IoTセンサーを使って観光客の流れをリアルタイムで把握し，混雑を避けるルートを提案している。 ・交通渋滞を緩和するためには，リアルタイム交通情報提供システムが効果的かもしれない。
[第4時]	C-3 観光産業における持続可能性を確保するためには，どのよう	・エコツーリズムの導入が，環境への負荷を減らしつつ観光客に新しい体験を提供する方法として有効

139

	な取組が必要かな？ ・持続可能な観光地運営のための技術や方法を調べよう。 ・スマート観光技術を導入することで，どのような長期的な効果が期待できるかを考えよう。	かもしれない。 ・デジタルサイネージを使って観光客にエコな行動を促す情報を提供し，持続可能な観光の推進を図る。 ・持続可能な観光地としてのブランドイメージが向上し，観光客のリピーターが増える。 ・スマート技術による効率化が進み，観光業者の運営コストが削減され，経済的にも持続可能な運営が可能になる。
	[C] なぜ，城崎温泉の観光産業は複数の課題に対応しなければならないのかな？	・観光産業の成功には，交通渋滞，安全確保，季節変動など複数の要素が関わっている。観光産業を持続可能にするためには，これらの課題に包括的に対応する必要があり，複数の課題が相互に関連しているため，総合的な解決策が求められる。
[第5時]	[D-1] 交通渋滞以外に，どのような課題が城崎温泉にはあるのかな？	・観光客の動線が一部に集中しているため，混雑が発生している。 ・季節ごとの観光客数の変動が大きく，オフシーズンの集客が課題となっている。
	[D-2] スマート観光技術を導入する際に，どのような課題を克服する必要があるのかな？	・高度な技術導入には初期費用がかかるため，費用対効果を考える必要がある。
	[D] なぜ，スマート観光技術を活用して，城崎温泉の観光産業を持続可能にする必要がある	・観光産業が地域経済に大きく寄与しているため，持続的な発展が地域全体の利益になる。 ・環境負荷を減らしながら観光客の

| | のかな？
・再度解決策を考えて，シートに記入してみよう。 | 満足度を高めることで，長期的に安定した集客が可能になる。〈解決策シート（2回め）に記入〉
・獲得した知識は十分かな？ |

第3次

第6時の目標：グループで解決策をブラッシュアップし，提案する。
第7時の目標：お互いの解決策をどのように展示するか提案する。

学習活動	主な問い・指示	児童の反応・〈知識〉
[第6時] 協調的問題解決 学習内容・方法の省察と新しい問題発見	・4人のグループを作り，解決策をブラッシュアップしよう。 ・再度解決策シート（3回め）に記入して，自己評価，相互評価する。 ・新しい視点で考える。	・観光客の満足度を上げるためには，交通渋滞の緩和が必要だと考える。 ・季節ごとの観光客数の変動に対応するために，四季を通じて楽しめるイベントを提案する。 ・安全確保のために，AIを使った危険予測システムを導入するのがよい。
[第7時]	・ルーブリックで，このプロジェクトで伝えたいことを再確認しよう。 ・プロジェクトの成果をどのように発信すればよい？	・観光客に城崎温泉の魅力を伝えるために，ARを使ったデジタルガイドツアーを提案したい。 ・持続可能な観光のための取組を強調し，展示ブースで具体的な解決策を紹介したい。 ・フィードバックを受けて，解決策をさらに改善する方法を考える。

解決策シート（　　回め）（　）組（　）番　名前（　　　　　）

　城崎温泉は日本国内外から多くの観光客を引きつける魅力的な温泉地ですが，交通渋滞や観光客の安全確保，季節ごとの観光客数の変動など，いくつかの課題に直面しています。そこで，これらの課題を解決し，城崎温泉の未来を持続可能でさらに魅力的なものにするために，スマート観光技術を活用する解決策を考えて，企画を提案してみよう。

　地図上に「交通渋滞緩和エリア」「観光客安全エリア」「季節変動対応エリア」などを示してみよう。

プロジェクトの評価

　城崎温泉の観光産業における課題に対応するため，スマート観光技術を活用して未来をデザインするための具体的な解決策を提案します．次に，実際にどのようにして解決策を実行するかの事例を示します．

★交通渋滞の緩和

　リアルタイム交通情報提供システムを導入し，観光客に最適なルートを提供することで，交通渋滞を緩和します．観光客がスマートフォンで利用できるアプリを開発し，城崎温泉周辺の交通状況をリアルタイムで把握できるようにします．

　一方通行の導入やシャトルバスの運行を検討し，観光客の流れをスムーズにすることで，温泉街全体の交通負担を軽減します．観光客が快適に移動できる環境を整えます．

★観光客の安全確保

　AIによる危険予測システムを導入し，混雑が予想される場所や時間帯を事前に観光客に知らせます．観光客は混雑を避け，より安全なルートを選ぶことができます．

　夜間の外湯めぐりの安全性を高めるために，主要な観光ルートにLED照明や監視カメラを設置します．観光客が安心して夜の温泉街を楽しめるようにします．

★季節ごとの観光客数の変動への対応

　四季折々の魅力を最大限に生かすため，AR技術を活用したデジタルガイドツアーを開発します．例えば，秋に紅葉の名所をARで紹介し，観光客がスマートフォンをかざすだけでリアルタイムの情報を得られるようにします．

　季節ごとに異なるテーマイベントを開催し，オフシーズンの観光客誘致を図ります．例えば，冬には「カニフェスティバル」，春には「桜と温泉フェス」など，観光客の興味を引くイベントを企画します．

Chapter6

「わたしたちの生活と環境」の授業デザイン

わたしたちの生活と環境

01　[自然災害から人々を守る]

災害弱者の人的被害を減らす「未来の防災アプリ」の機能を考えよう！どんな機能があればよいだろう？

[澁谷友和]

「未来の防災アプリ」にどんな機能があればよいだろう？

　2024年の元日に，能登半島地震が発生し，多くの人的被害および物的被害をもたらしました。また，8月8日には，日向灘を震源とする地震が発生し，南海トラフ地震臨時情報が発表され，大地震発生への警戒が高まっています。地震以外にも，山形県における記録的な大雨による災害，愛媛県松山市で発生した土砂崩れなど自然災害が多発しています。

　このような災害が発生するたびに，災害時に弱者の立場に置かれる人たち，特に高齢者への被害が集中し，社会問題となっています。人口減少高齢社会が進む中，高齢者の犠牲者数がますます増えることは確実です。

　伊永（2024）は，災害による死者に占める高齢者の割合は，能登半島地震では70％，西日本豪雨災害では80％，東日本大震災で60％だったと述べています。では，なぜ，高齢者の犠牲者数が多いのでしょうか。

　高齢者が犠牲になる原因は様々ありますが，ここでは災害発生・避難時に焦点を当てて学習を進めていきます。災害発生・避難時は「自助」が必要だと言われますが，高齢者には「自助」の限界があります。しかし，この自助をサポートすることができれば，犠牲になる高齢者を減らすことができるはずです。

　そこで，本単元では，急速に進むデジタル変革に着目し，「未来の防災アプリ」の機能を考えてもらうプロジェクトを考えました。防災アプリの機能で，高齢者が災害発生・避難時に直面する問題をどのようにサポートし，自助を高めるのかを考えるプロジェクトです。児童が作成した未来の防災アプリのアイコンとともに，その機能の説明をキュレーションしたいものです。

> プロジェクト

　大きな災害が発生するたびに，災害弱者，特に高齢者への被害が集中していることが社会問題となっています。高齢者の犠牲者数が増えるのは，災害発生・避難時に必要な「自助」の限界があるためです。そこで，急速に進むデジタル変革に着目し，高齢者の自助をサポートする「未来の防災アプリ」の機能とそのアイコンのデザインを考えてください。

単元目標＆評価規準

・日本で発生する自然災害は地形や気候と関わりがあることを理解する。
・災害発生・避難時に災害弱者（主に高齢者）が置かれる状況を理解する。
・高齢者の自助をサポートする「未来の防災アプリ」の機能を考え表現する。
・未来の防災アプリ機能の提案に向け，必要な知識などを粘り強く獲得し，アプリの機能を繰り返し修正しようとする。

知識・技能	思考・判断・表現	主体的に学習に取り組む態度
●自然災害は国土の自然条件などと関連して発生していることを理解している。 ●自助を行うことが困難な災害弱者について各種資料で調べ，その置かれる状況を理解している。 ●「未来の防災アプリ」は，すべての人が使いやすく，自助につながる機能が必要で，情報通信の発展により，新しい機能が開発されていくことを理解している。	●現在ある防災アプリの機能に着目して問いを見出している。 ●これまでの災害から，今後起こる災害時における課題をとらえ，その課題を解決できる「未来の防災アプリ」の機能を考え，表現している。	●災害発生・避難時に災害弱者となる高齢者の状況に応じた自助をサポートする「未来の防災アプリ」の提案に向け，粘り強く知識などを獲得したり，必要な知識などが十分なのか確認したりしようとしている。

単元を貫く学習問題

災害弱者の人的被害を減らす「未来の防災アプリ」の機能を考えよう！どんな機能があればよいだろう？

ルーブリック

段階	プロジェクトに対して
3 十分満足	授業や自学で獲得した知識を活用し，高齢者の自助を支える防災アプリの機能をグループで協力して修正しつつ提案している。
2 概ね満足	授業で獲得した知識を活用し，高齢者の自助を支える防災アプリの機能をグループで協力して修正しつつ提案している。
1 要努力	防災アプリの機能の提案が，現在あるものに留まっていたり，グループで協力できなかったりした。

問いの構造図

説明的知識に対応する問い	分析的知識に対応する問い	主な記述的知識
災害弱者の人的被害を減らす「未来の防災アプリ」の機能を考えよう！どんな機能があればよいだろう？ ↓ C なぜ，高齢者は災害弱者になるのだろう？ D 高齢者の自助をサポートする防災アプリにはどのような機能が必要だろう？	A-1 日本では，どのような自然災害が起こっているのかな。 A-2 なぜ，日本では，自然災害が多いのかな。 B-1 自然災害が発生すると，地域ではどのような被害が出るのかな。 B-2 災害時に，弱者の立場に置かれるのはどのような人だろうか。 B-3 自然災害の被害を防ぐためにどのような取組が行われているのかな。 C-1 高齢者はどのように被災するのだろう。 C-2 高齢者が被災するとどのようなことに困るだろう。 D-1 自然災害から高齢者の命を守るためにどのような方法が必要かな。 D-2 これからどのようなデジタル変革が起こるかな。	地震，台風，洪水，大雪，噴火 地形，気候 火災，住宅の全半壊，ライフラインの停止 高齢者や障がい者 乳幼児，妊婦，外国人などの災害弱者 減災，ハザードマップ，防災アプリ 初期行動の遅れ 生きる気力の喪失，震災関連死 避難経路や初期行動の情報 自動運転，AR・VR 医療・ヘルスケア

単元指導計画

	学習活動	指導上の留意点○と評価●
第1次(5)	A-1 日本で発生している自然災害の種類と，その影響について知る。 A-2 日本で自然災害の発生が多いのは，地形と気候が関連していることを知る。	○教科書に示されている近年発生した自然災害を白地図にプロットする。 ○自然災害が起きやすい国土について確認する。
	B-1 自然災害の発生により，地域ではどのような被害が出るのか確認する。 B-2 災害弱者の立場になる人を確認する。 B-3 自然災害の被害を防ぐために，国や都道府県は減災への取組や，防災に関する情報を伝えるしくみを整えている。 恒常的社会的論争問題：災害弱者の人的被害を減らす「未来の防災アプリ」の機能を考えよう！どんな機能があればよいだろう？ 解決方法の予備的思考：実際に操作してみて，災害弱者にとって使用しやすいものか判断する。 ・ルーブリックを確認する。	○地域のフィールドワークを実施してもよい。 ○図書などで調べ，自助が困難な人の存在に気づく。 ○防災アプリの機能や操作性を確認する。 ●弱者への知識不足を認識しているか。【態】 ○ゴールを確認する。
第2次(3)	必要な知識や概念の確認・選択：災害弱者（高齢者）が抱える災害発生・避難時の問題解決のために有効な「未来の防災アプリ」の機能を考える。 知識や概念の獲得：C-1 C-2 高齢者の犠牲者数は，身体・認知能力の低下や，物質・精神面の不安などの原因で増えていることを知る。	●災害時の高齢者の立場に対する知識が十分か振り返っているか。【態】
	D-1 自然災害から高齢者の命を守るためにどのような方法が必要かを考える。 D-2 社会を変化させるデジタル変革と防災の関連を考える。	●知識を活用して考えているか。【態】 ●デジタル変革の活用方法を考えているか。【態】
第3次(2)	協調的問題解決：災害発生時の高齢者の自助をサポートする防災アプリの機能を提案する。 省察：「未来の防災アプリ」の機能を提案シートに記入して自己評価，相互評価する。	●使いやすさ，災害発生・避難時に抱える問題に対応できる自助をサポートする機能を考えているか。【思・判・表】

授業展開

第1次

第1時の目標：日本で発生している自然災害の種類とその影響について知り，自然災害の発生が多いのは，地形と気候と関連していることを知る。

第2・3時の目標：地域調査を実施し，自然災害の発生により地域ではどのような被害が出るのか確認する。

第4時の目標：災害弱者の立場になる人を確認する。

第5時の目標：自然災害の被害を防ぐために，国や都道府県は減災への取組や，防災に関する情報を伝えるしくみを整えていることを知る。

学習活動	主な問い・指示	児童の反応・〈知識〉
[第1時] 地図の作成	A-1 日本では，どのような自然災害が起こっているのかな。	・日本で発生した主な自然災害を白地図にプロットする。 ・毎年のように台風や洪水が発生している。〈台風・洪水〉 ・地震が発生すると，津波が起こることもある。〈地震・津波〉 ・噴火が発生している地域や大雪が発生している地域もある。〈噴火・大雪〉 〈日本では，いつでも，どこでも，誰でも自然災害の被害にあう。〉
地図の読み取り	A-2 なぜ，日本では，自然災害が多いのかな。	・作成した地図と地理院地図の航空写真を比較したり，教科書の情報を読み取ったりする。 ・日本海側や山地で大雪が多い。 ・山地から平野部にかけての川で土砂くずれの被害が発生している。 ・九州地方に火山が多い。 ・台風が発生すると，日本の広い範

			囲で被害が起こる。 ・日本は世界でも地震が多く発生する場所に位置している。 〈日本で自然災害の発生が多いのは，地形と気候が関連している。〉
[第2・3時] 地域のフィールドワーク	B-1	自然災害が発生すると，地域ではどのような被害が出るのかな。	・これまでの自然災害で発生した被害を確認した後，地域のフィールドワークを実施する。 ・大阪北部地震のように道沿いに塀があるところは，それが崩れる危険がある。〈建物崩壊〉 ・阪神淡路大震災のように建物が密集している地域なので，火災が広がる恐れがある。〈火災〉 ・川が近いので，大雨では洪水の危険がある。〈大雨・洪水〉 ・住宅の全半壊，水道，ガス，電気が停止する。〈住宅の全半壊〉〈ライフラインの停止〉
[第4時] 資料の読み取り	B-2	災害時に，弱者の立場に置かれるのはどのような人だろうか。 ・防災情報ナビなどのHPで調べてみよう。	・各自のタブレットを使い，災害弱者について調べ，まとめる。 〈日常生活で手助けが必要な高齢者や障がい者〉 〈病気を抱えている人〉 〈移動のサポートが必要な妊婦や乳幼児〉 〈日本語の理解が困難な外国人〉 〈その土地を知らない観光客〉 〈災害発生時や避難時に避難が困難となる人，自分の力で身を守ることが困難な人を災害弱者という。〉

[第5時] 資料の読み取り	B-3 自然災害の被害を防ぐためにどのような取組が行われているのかな。 ・教科書や国土交通省のHPなどを調べてみよう。	・教科書の資料やタブレットを使って調べ，まとめる。 ・津波の被害を防ぐために避難タワーを設置しているところがある。 ・学校では校舎や体育館の耐震工事が行われている。 ・海岸沿いでは津波に備えて堤防が設置されている。 ・大雨の際の土石流を防ぐ砂防ダムが作られている。 ・災害に関する情報をまとめたハザードマップという地図で防災に関する情報を伝えている。〈ハザードマップ〉 ・スマートフォンで情報を取得する人が増えてきているので，防災アプリで情報を伝えている。〈防災アプリ〉 〈自然災害の被害を防ぐために，国や都道府県は減災への取組や，防災に関する情報を伝えるしくみを整えている。〉
機器の操作	・防災に関する情報の取得方法として防災アプリの導入が進んでいるが，実際に防災アプリを操作してみよう。	・いろいろな情報があるけれど，その情報にたどり着くまでのタップの回数が多い。 ・災害発生前に活用できるものが多いけど，災害発生時に使えるコンテンツは意外と少ない。 ・弱者の立場に置かれる人たちに素早く使えるものなのか疑問。

恒常的社会的論争問題	災害弱者の人的被害を減らす「未来の防災アプリ」の機能を考えよう！どんな機能があればよいだろう？	
解決方法の予備的思考	・災害弱者の人的被害を減らすためには，どんな機能があればよいか，機能とアイコンの絵柄を提案してみよう。	・避難所までの音声道案内があればよい。 ・1タップですぐに使える機能がよい。 〈解決策シート1に記入〉

第2次

第6時の目標：高齢者の犠牲者数は，身体・認知能力の低下や，物質・精神面の不安などの原因で増えていることを知る。

第7時の目標：自然災害から高齢者の命を守るための方法を考える。

第8時の目標：社会を変化させるデジタル変革と防災の関連を考える。

学習活動	主な問い・指示	児童の反応・〈知識〉
[第6時] 必要な知識や概念の確認・選択 災害弱者となる高齢者の特質を分析	・プロジェクトを考えるためには何を知っていないといけない？ C-1 高齢者はどのように被災するのだろう。 ・災害発生・避難時に高齢者が直面する2つの場面で考えてみよう。 C-2 高齢者が被災するとどのようなことに	・災害弱者となる人の特徴。 ・どんなサポートが必要なのか。 ・これからの情報通信の発展。 ・人口減少高齢社会を迎えているから，ますます犠牲者数は増える。 〈初期行動・避難の遅れ〉 ・体がうまく動かせず，倒れてくるものが避けられない。 ・スマホで情報を集めたいけれどもうまく使えない。 ・情報を処理したり，状況を把握したりできない。 〈生きる気力の喪失〉 ・食べる気力がなくなる。

		困るだろう。	・常備薬や医療機器の不足で病状が悪化する。 ・住んでいる家が全壊して，どうしたらよいか分からなくなる。 ・不安や恐怖からのパニック。 ・コミュニティ崩壊などによる環境変化についていけない。
		C なぜ，高齢者は災害弱者になるのだろう。	〈災害発生・避難時は，自分の命を自分で守る自助が一番必要だが，身体能力や認知能力の低下による初期行動の遅れから犠牲になる。また，避難ができても物的環境，食事，コミュニティの崩壊などの物的・精神的ダメージを受け，生きる気力を失い，犠牲になる震災関連死も多い。〉
	[第7時] 分析した情報から，高齢者の命を守る方法を考察	D-1 自然災害から高齢者の命を守るためにどのような方法が必要かな。	・身体能力低下への対応，認知能力低下への対応，物的環境への対応，精神的環境への対応という4つの対応面から考えればよい。 ・身体能力の低下→地震が起きた直後にとる行動の手順が必要。 ・認知能力の低下→やさしい日本語で近くの避難所までの経路をナビゲーション ・物的環境の変化→食料品や薬などを手に入れられる方法があればよい。 ・精神的ダメージ→家族や知り合いの位置や状況，置かれている状態などの情報を共有できればよい。

		・それらの共通点は何かな？	・高齢者の自助をサポートできる情報 〈災害弱者となる高齢者は，災害発生・避難時に４つの面で自助のサポートをすることが効果的で，そのサポートが得られることで助かる命が増える。〉
[第8時] 社会変化の分析・意見交流		・社会を変化させるデジタル変革と防災の関連を考える。 D-2 これからどのようなデジタル変革が起こるか。 ・情報通信という視点で，望ましい未来を実現する社会や生活の変化を創造的に考えてみよう（ありたい未来を仮説的に描く未来洞察の考え方）。	・予測困難で急速に変化する時代といわれているので，望ましい未来への変化を仮説的に考える。 ・ドローンをはじめ，配送手段が自動運転化している。 ・GPS機能がもっと発展している。 ・遠隔医療が日常という社会になっていて，健康観察も遠隔で行われるようになる。 ・AR（拡張現実）やVR（仮想現実）がさらに発展し，日常生活に利用されている。 〈これから先の未来は不確実だが，望ましい社会や生活の変化も起こる。情報通信では，自動運転，ARやVR，医療や健康維持に大きな変化をもたらすことが考えられる。〉

第3次

第9時の目標：グループで解決策をブラッシュアップし，提案する。
第10時の目標：お互いの解決策をどのように展示するか提案する。

学習活動	主な問い・指示	児童の反応・〈知識〉
[第9時] 解決策の自己調整	・前時に創造した望ましい情報通信の変化を踏まえ，災害発生・避難時の高齢者の自助をサポートする機能とアイコンの絵柄を提案してみよう。 ・新しい視点で考え，解決策シート1で考えたものを修正，発展させる。	・解決策シート1で考えた内容を，修正，発展させる。〈解決策シート2に記入〉 ・認知能力が低下した高齢者が，安全な避難ルートを認識できず避難が遅れるので，AIが現在の災害状況を判断し近くの避難所までの安全なルートを示し，音声付きで案内してくれる機能があればよい。 ・大きな災害により，犠牲者が多く，救助活動が思うように進まず救助が遅れることが予測されるので，地域内でSOSの情報が誰とでも共有でき，近くでキャッチした人が救助に向かう機能が必要だと思う。
協調的問題解決	・4人のグループを作り，解決策をブラッシュアップしよう。	
学習内容・方法の省察と新しい問題発見	・解決策シート3に記入して，自己評価，相互評価する。 ・新しい視点で考える。	・ドローンによる配送が当たり前になるので，災害時に物資の配送が行われ，必要な食料品や薬などが個別配送される機能ができる。
[第10時]	・ルーブリックで，このプロジェクトで伝えたいことを再確認しよう。 ・プロジェクトの成果をどのように発信すればよい？	・創造的に考えた「未来の防災アプリ」の機能を伝えることと，そのアプリのアイコンのデザインを組み合わせて展示したい。

解決策シート1 （　）組（　）番　名前（　　　　　　　　）

　自然災害発生・避難時に，災害に関する情報の取得方法はいろいろありますが，現在のスマートフォンで情報を取得する社会状況を考えると，都道府県や市町村単位で導入が進んでいる「防災アプリ」のユーザーが，ますます増えていくと想定されます。

　今日の学習で，実際に防災アプリの操作をしてもらいましたが，災害弱者の犠牲者数を減らすには「こんな機能がいるのではないか？」「使い方に工夫がいるのではないか？」と感じたと思います。そこで，どのような防災アプリの機能があればよいのか，そのアイコンのデザインを考えてください。

アイコンのデザイン

私が考える防災アプリの機能

解決策シート2 （　）組（　）番　名前（　　　　　　　　）

　これまでに学習してきた，災害発生・避難時に高齢者が置かれる状況や，創造した望ましい情報通信の変化を踏まえ，災害発生・避難時の高齢者の自助をサポートする未来の防災アプリの機能とアイコンのデザインを考えてください。

アイコンのデザイン

私が考える防災アプリの機能

解決策シート3 （　）班　メンバー（　　　　　　　　　　　　　　）

①解決策シート2で，各自が考えた案を共有して，グループで災害発生・避難時の高齢者の自助をサポートする未来の防災アプリの機能とアイコンのデザインを提案しましょう。

アイコンのデザイン

私が考える防災アプリの機能

②各グループの発表を聞いて，グループ内で意見交流し「この機能が必要だ！」と考えた機能を3つ選び，その3つの機能を選んだ理由を書きましょう。

3つの機能を選んだ理由

プロジェクトの評価

　災害弱者の存在，特に多くの高齢者の犠牲者数の多さは，自然災害が発生するたびに社会問題となってきました。災害発生直後や避難時は，「自分の命は自分で守る」という自助が必要だと言われますが，自助を実行したくてもできない人たちの存在に気づいてほしいものです。そのうえで，今後のデジタル変革による情報通信の技術の発展を視点に，今現在にはない技術が開発されていくことを理解し，創造的・仮説的に未来を発想する「未来洞察」の考え方で防災アプリの機能を考えることが重要です。

　児童は授業内容や自学により，次のような解決策を提案するでしょう。

★**解決策**：地震の建物倒壊の下敷きになり動けなくなったり，河川の氾濫で，家屋の屋上で孤立したりした際，消防や警察による救助がなかなか進まないという状況になります。このようなときに，右図の防災アプリのアイコンを1タップすると，地域内のスマホにSOSのメッセージや位置や現在の状況という情報が共有され，近くにいた人が助けに向かうという機能が考えられます。ローカル情報で地域を

アイコンのデザイン例

つなぐ地域コミュニティアプリの機能を援用すれば実現できそうな技術だと考えられます。

＊本稿は，下記の拙稿を修正・加筆したものです。参考にしてください。
・澁谷友和・杉山雄大（2024）インパクトダイナミクス手法に着目した未来洞察型授業の開発―第6学年社会科単元「未来の防災アプリの機能を考える」を例に―，社会系教科教育学研究第35号，pp.1-10.

［参考文献］
・伊永勉（2024）「令和6年能登半島地震から見える今後の災害への教訓」消防防災の科学156，pp.42-45.
・李永子（2006）「災害における要援護者概念の再考―「災害弱者」から「災害時要援護者」へのアプローチ―」福祉のまちづくり研究第8巻第1号，pp.38-48.
・和気純子（2013）「震災と高齢者―地域包括ケアと福祉コミュニティ形成―」学術の動向2013年18巻11号，pp.27-33.

わたしたちの生活と環境

02　　　　　　　［わたしたちの生活と森林］

市内の森林を守る「森林を守りたい（隊）」プロジェクト！今，わたしにできることを考えよう！

[埴岡靖司]

「森林を守り隊」として，できることは？

　『森林と生活に関する世論調査（令和5年版）』（内閣府，2024）によると，ここ1年間くらいの間に森林に行っていない国民の割合が47.4%で，行った人でも，1〜2回の人が22.5%です。このことから，森林に足を運ぶ機会が少ないことが読み取れます。また，国民が森林の働きに期待することの上位3つは，「二酸化炭素を吸収することにより，地球温暖化防止に貢献する働き」「山崩れや洪水などの災害を防止する働き」「水資源を蓄える働き」です。

　一方，日本の森林面積について目を向けてみると，1966年から現在まで約25万ヘクタールで，ほぼ変化がありません。しかし，世界に目を向けると，1990年以降，1億7800万ヘクタール（日本の国土面積の約5倍）減少したという報告がある（世界森林資源評価，2020の主な調査結果）ことから，世界的に森林面積の減少が進んでいるととらえることができます。また，日本の「森林蓄積」（森林の体積）は，年々増加しており，日本には資源として利用ができるにもかかわらず，放置されている森林が多く存在していることが分かります。そもそも，森林は，日本の国土の3分の2を占めています。しかし，地形別に居住する日本の人口を見ると，平野に日本の人口の約80%，山地に約20%と，圧倒的に平野部に居住しています。

　そこで，児童に「森林守りたい（隊）」のリーダーになってもらい，身近な森林を守るためにどのような行動ができるのかを考えてもらうプロジェクトを考えました。世界的な森林破壊と実際の課題にどのように対応するのかを考えるプロジェクトです。児童が作成した提案とともに，地球の森林資源の保護に関するメッセージをキュレーションしたいものです。

▎プロジェクト

　G県Y市では，土地面積の84%が森林です。市内の森林は，木材を生産するためだけでなく，水を貯えて土砂の流出を防ぎ，二酸化炭素を吸収し地球温暖化を抑制するなどの多様な機能が期待できます。しかし，木材価格の低下から森林経営が厳しいことなどから，適切に森が管理されず，森林荒廃が進むとともに，境界が不明確な森林が増え，森林整備計画推進の妨げになっています。そこで，これから50年先の森林資源の保護に向けていろいろ調べて，今できることを考えてください。

単元目標&評価規準

・日本の森林資源の分布や働きなど，国土の環境について理解する。
・森林の育成や保護に従事している人々の様々な工夫や努力について理解する。
・日本の森林資源が果たす役割について理解し，自分がどのようなことができるのかを考え表現する。
・意見提案に向け必要な知識などを粘り強く獲得し，提案内容を繰り返し修正しようとする。

知識・技能	思考・判断・表現	主体的に学習に取り組む態度
●森林資源の分布や働きなどについて，地図帳や各種の資料で調べて，必要な情報を集め，読み取り，国土の環境を理解している。 ●調べたことを白地図や図表，文章などにまとめ，森林は，その育成や保護に従事している人々の様々な工夫と努力により国土の保全など重要な役割を果たしていることを理解している。	●森林資源の分布や働きなどに着目して，問いを見出している。 ●日本の国土における森林の分布と国民の生活舞台である国土の保全を関連づけて，森林資源が果たす役割を考え表現している。	●国土の環境保全について，自分たちにできることの提案に向け，粘り強く知識などを獲得したり，必要な知識などが十分なのかを確認したりしようとしている。

単元を貫く学習問題

市内の森林を守る「森林を守りたい（隊）」プロジェクト！今，わたしにできることを考えよう！

ルーブリック

段階	プロジェクトに対して
3 十分満足	授業や自学で獲得した知識を活用し，森林保護の行動案の提案をグループで協力して修正しつつ提案している。
2 概ね満足	授業で獲得した知識を活用し，森林保護の行動案の提案をグループで協力して修正しつつ提案している。
1 要努力	一般的な森林保護の行動案の提案に留まっていたり，グループで協力できなかったりした。

問いの構造図

説明的知識に対応する問い	分析的知識に対応する問い	主な記述的知識
市内の森林を守る「森林を守りたい（隊）」プロジェクト！今，わたしにできることを考えよう！ ⬇	A-1 日本の森林面積の割合は，3分の2を占めている？ A-2 日本は，世界でも森林面積が多い国なのか？ B-1 森林に種類はあるのかな？ B-2 森林の種類によって，森林の働きは違うのか？	日本の土地利用，森林面積，森林蓄積，森林の多様な機能，森林資源
C なぜ，天然林の保全が必要なのかな？	C-1 天然林は，どこにあるの？ C-2 天然林には，どのような働きがあるの？ C-3 天然林は，どのように守られているの？	天然林，世界遺産保護地区
D なぜ，人工林を育成するのか？	D-1 人工林は，どのような森林なのか？ D-2 人工林は，どのような働きがあるの？ D-3 人工林は，どのように守られているのか。	人工林，林業，森林組合，間ばつ，「かんばりん」，木質バイオマス，スマート林業
E なぜ，森林資源を保護・活用するのか？	E-1 森林の働きは？ E-2 森林資源は何に利用される？	森林の8つの働き

単元指導計画

	学習活動	指導上の留意点○と評価●
第1次 (2)	A-1 日本の森林面積の割合は、3分の2を占める。多くの人は平野に住んでいる。 A-2 日本は、世界でも森林面積が多い。	○地図帳で確認する。
	B-1 森林の種類を確認する。 B-2 森林の種類によって、森林の働きに違いがあることを確認する。	○地図帳で確認する。 ○林野庁HP「漫画で楽しく学ぶ森林・林業・木材産業の魅力」を参考にする。
	恒常的社会的論争問題： 市内の森林を守る「森林を守りたい（隊）」プロジェクト！今、わたしにできることを考えよう！	
	解決方法の予備的思考：森林を守る取組についての動画を参考に解決策を考える。 ・ルーブリックを確認する。	●知識不足を認識しているか。【態】 ○ゴールを確認する。
第2次 (5)	必要な知識や概念の確認・選択：これから50年先の森林資源の保護に向けて、今できることを考える。	
	知識や概念の獲得：C-1 世界遺産である天然林を確認する。	●知識が十分か振り返っているか。【態】
	C-2 世界遺産の森の多様な機能を知る。 C-3 天然林も保全活動を行っていることを知る。	●森林資源の保護などの工夫を理解しているか。【知・技】
	D-1 人工林は、木材を生み出している。 D-2 人工林は、長い年月をかけてよい木材を生み出している。 D-3 人工林で働く人々は、山の環境を守りながら仕事をしている。	
	E-1 森林の多様な機能について確認する。 E-2 森林資源の活用事例について調べる。	●知識を活用して解決策を考えているか。【態】
第3次 (2)	協調的問題解決：これから50年先の森林資源の保護に向けてできることを提案する。	●これから50年先を見通した森林保護に向けてできる方策を考えているか。【思・判・表】
	省察：森林資源の保護に向けて今できることを提案シートに記入して、自己評価、相互評価する。	

授業展開

第1次

第1時の目標：日本の森林面積の現状を踏まえて，日本の森林面積は世界と比べても多いこと，森林面積が減少していないことを知る。

第2時の目標：身近な森林を守るためにできることの第1次提案を行う。

学習活動	主な問い・指示	児童の反応・〈知識〉
[第1時] 地形図・主題図の読解	A-1 日本の森林面積の割合は，国土の3分の2を占めている？ A-2 日本は，世界でも森林面積が多い国なのか？	・日本の地形図，「地形別にみた人口」の主題図から，森林面積の割合を確認。 ・『世界森林資源評価2020（FRA 2020）』（FAO，2020）で確認。
[第2時] 恒常的社会的論争問題 解決方法の予備的思考	B-1 森林に種類はあるのかな？ 市内の森林を守る「森林を守りたい（隊）」プロジェクト！今，わたしにできることを考えよう！ B-2 森林の種類によって，森林の働きは違うのか？ ・どんな種類の森林を知っている？ ・身近な森林はどこかな？ ・「身近な森」について，現状を書いてみましょう。そして，森を守るためにできることを「解決策シート」に書いてみよう。	・教科書や『森林・林業白書』，地図帳を使って確認。 ・身近な森林の場所を，地図帳などで確認する。 ・富士山樹海　白神山地 ・天然林　人工林　水源の森 ・「身近な森」を，自分で設定する。そして，その森の現状を考え，守るためにできることを考える。 〈解決策シートに記入〉

第2次

第3時の目標：天然林の分布と働きについて知る。
第4時の目標：人工林の働きと森林の多様な機能について知る。
第5時の目標：人工林では，森林をどのように活用しているのか知る。
第6・7時の目標：森林資源を保護・活用する理由を考え，身近な森林をこの先50年にわたり守っていくためにできることの第2次提案を行う。

学習活動	主な問い・指示	児童の反応・〈知識〉
[第3時] 必要な知識や概念の確認・選択	・プロジェクトを考えるためには何を知っていないといけない？ C-1 天然林は，どこにあるの？ ・世界自然遺産のHPや地図帳で調べよう。 C-2 天然林には，ど	・今の天然林や人工林の様子。 ・EduTown SDGs『木を育て，使い，森林の循環をつくる』（https://sdgs.edutown.jp/action/005.html）で，森の循環を作る取組を確認する。 ・世界自然遺産の森は，天然林だと思う。どこにあるのか。 ・「日本の世界遺産」（環境省HP）で，知床，白神山地，小笠原諸島を確認。屋久島，南西諸島の森林の価値を確認。また，森林を守る保護管理についても確認。 ・富士山のまわりもそうだ。 ・「水源の森」は，天然の森だと思う。 ・近くの登山をする山に「保安林」がある。自然の森だ。 ・「ミウ，もりモリ事件！？～森林とわたしたちのくらし～」（NHK for School ズームジャパン）で，日本の森林について確認する。

- のような働きがあるの？
- 林野庁のHPや教科書で調べよう。
- 天然林の森の木の種類を調べよう。

・白神山地のブナ林の働きを確認。「ブナの森へようこそブナ林観察ガイド」（東北森林管理局　林野庁）

- 天然の森の生き物の様子を調べよう。

・「白神山地を守る会」では，森で拾った種から苗を作り，森に植林するボランティア活動を行っている。その他，森での体験活動を行っている。ほかの場所でも同じか，調べる。

C-3　天然林は，どのように守られているの？
- 世界自然遺産の森を守る様子を調べよう。
- 企業が森を守る活動をしています。どのような活動をしているのか，調べよう。

・「陸奥湾のホタテを高温から守る植樹祭」（白神山地を守る会）は，山の恵みが海の恵みを守る活動であることを確認。

・企業は，森林を守る活動に取り組んでいることをHPで確認。

C　なぜ，天然林の保全が必要なのかな？
- 知床は，「海と川と森でつながるいのち」のつながりがある森。白神山地は，ブナ林で生き物を育む森。

・天然林の機能を維持するためには，手入れが必要。
〈天然林は，人々の安らぎの場や生き物のすみかの場，きれいな水や空気を生み出す場，水をたくわえる場，災害を防ぐ場としての働きがある。その働きを守っていくためには，森林を保全していくことが必要であり，守り続けている人がいる。〉

[第4時]	D-1 人工林は，どのような森林なのか？ ・産地の名前がついた木材を調べよう。 ・人工林は，循環の仕事です。どのように循環しているのか調べよう。	・建物や生活に必要な木材は，人工林から生み出されているのか。 ・「木曽ヒノキ」「青森ヒバ」「秋田スギ」など，産地の名前がついた木材のことかな。 ・生活に必要な木材を作り出している。 ・どのように木材を作り出す仕事をしているのか。 ・『職業漫画「人 to 木」』（林野庁HP）で，木材を作り出す仕事について確認。 〈木材を作り出す働きの人工林〉 〈木材を作り出す仕事は，50〜100年の循環の仕事〉
	D-2 人工林は，どのような働きがあるの？ ・天然林との共通点はあるのか。 ・人工林の木を育てるサイクルについて確認しよう。	・人工林は，木材を作り出す仕事の場。 ・木を育てるサイクルは，どうなっているのかな。
[第5時]	D-3 人工林は，どのように守られているのか。 ・林業で働く人は，どのような作業をしているのか調べよう。	・林業作業は，主に「植栽」「下刈り」「除枝・つる切り」「枝打ち」「間伐」「主伐」「造材・搬出」のサイクルで行われている。 ・間伐が，木材の成長の手入れに重要である理由をHPで確認。 ・https://www.rinya.maff.go.jp/j/kanbatu/suisin/kanbatu.html（林野庁）

- 人工林の問題の1つに，間伐が行われないことがある。間伐について調べ，間伐が必要なわけを考えよう。
- 「かんばりん」（間伐材マーク）を手がかりに，間伐された木材の使い道について調べよう。

- 「木質バイオマスは21世紀のエネルギー」と言われる理由を調べよう。

- 森林資源があるのに，木材が切り出されないのか調べよう。

- https://www.zenmori.org/kanbatsu/topmenu/report/01_1.html（全国森林組合連合会　間伐材マーク事務局）

- コンビニエンスストアで見たことがある。カップ麺やジュースのカップについていたな。
- 「全国森林組合連合会　間伐材マーク事務局」のHPには，間伐材を使った商品が紹介してある。たくさんの商品がある。
- 間伐した木材や枝打ちした枝などは，資源として，ボイラーの燃料や発電所の燃料として活用されている。（『木質バイオマス熱利用・熱電併給事例集』令和4年5月，林野庁）
- 他の産業のように，高齢化が進んでいるのかな。
- 近くのホームセンターでは，外国の木材のほうが安かった。これが原因かな。
- 切り出す仕事はとても大変そう。そして，育つまで何年もかかる仕事だからかな。
（林野庁HP「森林・林業・木材産業の現状と課題」）
〈林業の従事者の高齢化，国内の木材価格の下落，輸入木材の増加に伴い，国内の木材生産が減ってきている。〉

		D なぜ，人工林を育成するのか？ ・「スマート林業」について調べよう。	〈人工林は，木材を生み出す働きがある。林業で働く人々は，長い年月をかけて，木を守り育てている。また，山の環境を守りながら仕事をしている。最近は，機械化なども進み，「スマート林業」とも言われている。〉
[第6・7時]		E-1 森林の働きは？ ・森林の働きを調べよう。	・天然林と人工林の働きは同じかな。 ・『ジュニア農林水産白書』（農林水産省，2024）には，「さまざまな生き物のすみかを提供する」「木材やきのこを生産する」「二酸化炭素を吸収して地球温暖化を防ぐ」「山崩れを防ぐ」「水をたくわえる・きれいにする」「安らぎ・スポーツの場を提供する」「潮風や騒音，暑さをやわらげる」の働きが示してある。
		E-2 森林資源は何に利用される？	・森林資源は，どのような木製品として利用されているかな。 ・森林資源は，人の心を安らぐ働きがある。
		E なぜ，森林資源を保護・活用するのか？ ・どのような活動があるか調べよう。 ・再度解決策を考えて，シートに記入してみよう。	〈森林には，きれいな水を生み出してたくわえる，空気をきれいにする，災害を防ぐ働きがある。また，森林資源を木製品として活用する，生き物や人の安らぎの場にもなっている。〉 〈解決策シートに記入〉 ・獲得した知識は十分かな？

第3次

第8時の目標：グループで解決策をブラッシュアップし，提案する。
第9時の目標：お互いの解決策をどのように展示するか提案する。

学習活動	主な問い・指示	児童の反応・〈知識〉
[第8時] 協調的問題解決	・4人のグループを作り，解決策をブラッシュアップしよう。 ・解決策シートに記入して，自己評価，相互評価する。	・プロジェクト対象の「身近な森」について，天然林を守るのか，人工林を守るのかの立場を明らかにする。 ・身近な森がどこか，具体的な森を想定し，50年先を見通す。 ・身近な森を知るために，ワークショップに参加したり，学習会に参加したりできないか。 ・くらしの中にある身近な木材について調べ，できることを考える。 ・身近なものの中で，国産の木材を使った製品があるか調べて，紹介したい。 ・「間伐材マーク」がある製品は，国産の間伐材を使っている製品であることを広めたい。
学習内容・方法の省察と新しい問題発見	・新しい視点で整理して考える。	・「森にふれよう」「木をつかおう」「森をささえよう」「森と暮らそう」（「フォレスト・サポーターズ」HP）や「国産木材を利用して，日本の森林を元気に保ちましょう」（政府広報オンライン）が参考になる。「木をつかおう」の新しい提案を進めたい。 ・「都道府県民の森」での新たな視点での体験活動を提案する。

		・木曽川源流の里「名古屋市・木祖村交流の森」は，木曽川の流域のつながりでの活動。流域をキーワードに考えてみたい。 ・「小網代の森」（神奈川県）は，山－川－海のつながり（流域）を学ぶ事例学習の場になっている。参考にしたい。
[第9時]	・ルーブリックで，このプロジェクトで伝えたいことを再確認しよう。 ・プロジェクトの成果をどのように発信すればよい？	・森を守ることの必要性を伝えるために自分ができる行動を具体的にまとめ，掲示したい。

プロジェクトの評価

解決策シート （　　　）組（　　　）番　なまえ（　　　　　　　　）

　市内の森林を守る「森林を守りたい（隊）」プロジェクト！今，わたしにできることを考えよう！
　森を守る活動の様々な例は，林野庁のHPや各市町村のHPで見ることができます。参考にしてみましょう。

「身近な森を知る」

　学習を通して，「身近な森」はどこでしょう，その森について説明しましょう。そして，この森を守るためにできることを考えましょう。

〈記入例〉
- 「都民の森」が奥多摩などにある。
- 「水源の森」があるなあ。川の流域で考えると，身近な森はとても広いと思う。
- 「木曽ヒノキの森」というのを聞いたことがある。
- 白神山地，屋久島，知床の原生林かな。
- 里山といわれる森が身近にある。
- 森，川，海のつながりのある森「小網代の森」があるよ。

森を守るために，今行われているプロジェクトを調べてみよう。

〈記入例〉
- 森林再生事業が各地で行われている。山に植樹をする，里山を再生するなどの取組がある。
- 環境教育のプログラムを実施している。森林管理局で内容が紹介されているので，参考にする。
- 都道府県と企業が協力して，森づくりが進んでいる。
- 森林で働く人の高齢化に対応したICTの活用のプロジェクトがある。

森を守るための改善策を考えよう。

〈記入例〉
- 山に植樹をする。
- 将来，木を切る仕事をする。
- まずは木を切る方法を考える。
- 木を切って何に使うか考える。
- 森について知る活動を行う。
- 間伐が大事なことが分かった。間伐が進む方法を提案したい。

- 森を生かすためのICTの活用を考えたい。ドローンとAIを活用した森林管理が考えられるな。無人で機械の操作をすることもできるな。
- 「川の流域の森」という流域思考の考え方で，森，川，海のつながりで森を守る方法を考えたい。
- 循環型社会における，森林活用について考えたい。

「身近な森を守る」
　学習を通して，これから50年先の森林資源の保護に向けて，今できることをたくさん書き出してみましょう。また，まとめ方も考えてみましょう。

〈記入例〉
- 「都民の森」のイベントに参加し，手入れの行き届いた明るい森について体験する。そして，森の働きを自分で感じたい。そして，発信する。
- 「間ばつ材マーク」の製品を調べました。用紙にマークがついていることを知りました。マークがついているものを使うことを広める呼びかけをする。
- 森林組合のイベントの山の仕事体験に参加し，木を育てる仕事を実際に体験して，その体験記を紹介する。
- 「水源の森」が近くにあるので，見に行きたい。また，どのような手入れをしているのか，調べて，新聞形式にまとめる。
- 森林の循環の大切さを伝えたい。そして，今できることを提案する。
- 世界自然遺産の森を守る取組を調べて，発表する。
- 森林を使った環境教育のプログラムに参加し，森を守るためにできることを考える。
- 木材を使った製品開発について調べて発表する。そして，製品について提案する。
- 木材を，海外に向けての輸出について調べる。そして，海外への輸出の可能性についてまとめる。
- ICTを活用した林業を提案してみたい。地図情報の活用やドローンを活用した生育状況の確認，山の境界線の確定，製品の紹介を提案する。
- 林業の仕事についての魅力について，学習内容を参考にまとめて発表する。マンガにまとめる方法もある。
- 森，川，海のつながり（流域思考）で森を守る方法を提案する。

おわりに

　本書では，単元を貫く学習問題を「どうすればよいのか？」という価値の問題として設定し，具体的な解決策の提示のために知識を総動員するという順序での単元構成を提案しました。「単元を貫く学習問題はなぜ疑問でなければならない」という，ある意味社会科で常識となっていた考え方を疑ってみたという試みです。一方，これは事実に関する知識を軽視するものではありません。むしろ，社会の問題を解決するためには，幅広く深い知識が必要なのだということを感じるための試みでもあります。本書では，「どうすればよいのか？」という問題を児童と共有した後，すぐにその解決策を求めます。しかし，そんなに簡単に有効な解決策が提案できるわけがありません。すぐに解決策を求めるのは，知識がなければよい解決策を見出すことができないことを実感させるためなのです。先生は，問題を解決するために必要な知識は何かを児童と一緒に考え，知識の獲得を手助けし，知識を活用して解決策を「作り替える」ところまでをサポートします。

　探究とは inquiry のことだと思ってきましたが，PBL のことを考えると inquiry 型の探究以外にデザイン思考型の探究もあるのではないかと考え始めたのです。繰り返し解決策をブラッシュアップする。例えば，スタンフォード大学 d.school のようなデザイン思考（HASSO PLATTNER Institute of Design at Stanford, 2012）による PBL も探究活動なのではないかと思うのです。解決策を提案し，それをテストする中で自身の理解の浅さを悟ったり，技能の未熟さを感じたりして，より深い理解や洗練された技能を身につけなければならないと児童が思ってくれれば，この試みはある程度成功と言えるかと思います。

　今回も明治図書出版株式会社の林知里さんには，本書の企画段階から校正に至るまで大変お世話になりました。本当にありがとうございました。

2025年1月　吉水　裕也

[参考文献]
スタンフォード大学ハッソ・プラットナー・デザイン研究所，一般社団法人デザイン思考研究所（編），柏野尊徳，仲野珠希（訳）(2012)：『スタンフォード・デザイン・ガイド　デザイン思考5つのステップ』，https://www.nara-wu.ac.jp/core/img/pdf/DesignThinking5steps.pdf

執筆者一覧（執筆順） ＊2025年3月時点

吉水裕也	兵庫教育大学
宮苑聖輝	兵庫県加東市立社小学校
大矢幸久	学習院初等科
吉川修史	兵庫教育大学
曽川剛志	兵庫県西宮市立夙川小学校
佐藤克士	武蔵野大学
行壽浩司	福井県美浜町立美浜中学校
古泉啓悟	愛媛県新居浜市立高津小学校
宗實直樹	関西学院初等部
澁谷友和	奈良教育大学
埴岡靖司	岐阜県山県市立梅原小学校

【編著者紹介】

吉水　裕也（よしみず　ひろや）

1962年大阪府生まれ。兵庫教育大学理事（副学長），大学院学校教育研究科教授。兵庫教育大学大学院連合学校教育学研究科教授。博士（学校教育学）。中・高教員などを経て，現職。専門は社会科教育学，地理教育論。主な著書は，『本当は地理が苦手な先生のための中学社会　地理的分野の授業デザイン＆実践モデル』（2018年，明治図書，編著），『PBL的社会科単元構成による中学地理の授業デザイン』（2023年，明治図書，編著），『地理的見方・考え方を働かせた地理授業デザイン』（2023年，明治図書，単著）など。

主な論文は，「地理的スケールの概念を用いたマルチ・スケール地理授業の開発－中学校社会科地理的分野「身近な地域の調査『高知市春野地区』」を題材に－」（2011年，新地理59-1），「防災ガバナンスのアクター育成としての地理歴史科地理コミュニティ問題学習」（2013年，社会系教科教育学研究25）など。
（2025年3月時点）

社会科授業サポートBOOKS
PBL的社会科単元構成による
小学校社会科の授業デザイン〈5年生〉

2025年4月初版第1刷刊	Ⓒ編著者	吉　水　裕　也
	発行者	藤　原　光　政
	発行所	明治図書出版株式会社

http://www.meijitosho.co.jp
（企画）林　知里（校正）井草正孝
〒114-0023　東京都北区滝野川7-46-1
振替00160-5-151318　電話03(5907)6703
ご注文窓口　電話03(5907)6668

＊検印省略　　　　　組版所　長野印刷商工株式会社

本書の無断コピーは，著作権・出版権にふれます。ご注意ください。

Printed in Japan　　　　　　　　ISBN978-4-18-399424-0
もれなくクーポンがもらえる！読者アンケートはこちらから